款文案

写作训练手册

福蕴 著

北京理工大学出版社
BEIJING INSTITUTE OF TECHNOLOGY PRESS

图书在版编目（CIP）数据

爆款文案写作训练手册 / 福蕴著. — 北京：北京理工大学出版社，2019.11（2022.2重印）

ISBN 978-7-5682-7601-6

Ⅰ. ①爆… Ⅱ. ①福… Ⅲ. ①广告文案—写作—手册 Ⅳ. ①F713.812-62

中国版本图书馆CIP数据核字（2019）第208376号

出版发行 / 北京理工大学出版社有限责任公司
社　　址 / 北京市海淀区中关村南大街 5 号
邮　　编 / 100081
电　　话 /（010）68914775（总编室）
（010）82562903（教材售后服务热线）
（010）68948351（其他图书服务热线）
网　　址 / http: //www.bitpress.com.cn
经　　销 / 全国各地新华书店
印　　刷 / 大厂回族自治县德诚印务有限公司
开　　本 / 880 毫米 × 1230 毫米　1/32
印　　张 / 8
字　　数 / 200千字
版　　次 / 2019年11月第1版　2022年2月第3次印刷
定　　价 / 49.80元

责任编辑 / 徐艳君
文案编辑 / 徐艳君
责任校对 / 周瑞红
责任印制 / 施胜娟

前言

对于产品推广而言，无论是传统营销方式，还是新兴的网络营销方式，文案都是不可或缺的，尤其在目前以网络营销为大方向的环境下，文案营销的成本低，并且有着传播速度快、效果好、范围广的优点。文案不局限于行业领域，而是适用所有行业的所有产品，这也是很多企业在产品推广这一环节中选择文案营销的原因。

无论是在产品设计环节，还是在产品营销推广环节，文案都有着不可或缺的作用。在营销推广环节，对打造爆款，文案起着绝对性的作用。新兴的互联网企业和传统企业均在文案营销上下足了功夫，例如，文案营销的典范企业杜蕾斯，不仅创作了精妙的文案，而且创造了产品销售的奇迹。

本书内容共有12章，内容涵盖文案的由来、撰写文案的步骤、文案的写作技巧、文案创意的产生、文案与营销的结合，并从多种角度一一阐述文案的书写规范、推广方式、如何规避误区等问题。通过阅读本书，文案新手可以更好地完成文案撰写工作，而文案老手则可以从本书中获得一些新的灵感和启发，帮助自己在撰写文案水平方面得到进一步提升，企业营销人员则可以获得打造爆品的灵感。

通过阅读本书，读者将会在以下几方面获益：

（1）文案主题；

（2）文案标题；

（3）文案的行文技巧；

（4）文案创意；

（5）文案营销；

（6）文案推广。

文案不是文学，也不是文字游戏，而是基于对消费者心理的描述和展示而进行的一种广告行为，一个优秀的文案创作者不仅需要具备文字驾驭能力和讲故事的能力，更需要具备洞察消费者心理的智慧。一个企业不仅仅需要优秀的文案创作者，更需要把文案传播出去的营销能力。本书从文案写作到文案营销均有详细讲解，思路清晰，实操性强，适合需要通过文案推广产品的电商、微商、新媒体从业人员阅读，更适合企业营销人员、企业中高层管理人员及创业者阅读。

由于作者学识浅陋，书中难免有错误和疏漏，敬请读者不吝赐教。

目录

第1章

吸睛标题，让文案更吸金

文案营销是生命力极强的广告形式，同时是技巧性的广告形式。当读者发现这是一篇广告的时候，已经将整个文案深深地印在脑海中了。文案追求潜移默化的传播效果，是一种润物细无声的高明营销手段。

文案营销文字可以不要华丽、可以无须震撼，但要保证一字一句都能够更加贴近消费者的利益需求。

从广告开始探索文案

文案与广告紧密相连，尤其是在网络时代大背景下，两者更加密不可分。在很多情况下，文案与广告之间并无区别，只是呈现形式有所不同。想要对文案进行深入了解，首先要对广告有一个正确的认识，想要了解广告的基本原理，我们必须首先对广告形成一个正确的概念。

广告即推销，广告的原则即推销的原则。现代意义上的广告指由广告主付出某种代价的，通过传播媒介将经过科学提炼和艺术加工的特定信息传达给目标受众，以达到改变或强化人们观念和行为的公开的、非面对面的信息传播活动。

按照广告的目的和内容形式来分类，广告从目的上可以分为商业广告和非商业广告，从内容形式上可以分为软广告与硬广告。

商业广告

商业广告是以赢利为主要目的的广告，即商业广告作品中的全部语言文字部分的写作，是为了达到商业性赢利的目的而进行的广告运作中的一部分，是通过大众媒介所进行的有关商品、服务等信息的有说服力的销售促进活动。

商业广告以销售为导向，介绍商品的质量、功能、价格、品牌、生产厂家、销售地点、独到之处，以及给人以何种特殊的利益和服务等有关商品本身的一切信息。它包括产品促销文案写作、形象广告文案写作和观念广告文案写作。

由于商业广告以传递商品信息为使命，主要为了宣传、推销某种商品或服务，为了诱导消费、开拓市场，所以有明显的获取经济利益的目的。

非商业广告

与商业广告不同，非商业广告不以获取经济利益为直接目的，其目的是“免费推销”某种意识或者主张。非商业广告向公众传达一种高尚、美好的观点，并且通过生动形象的表达方式，激起受众的审美，使受众在审美的体验中明辨是非、美丑、善恶，以提高全民素质，从而获取良好的社会效益。

由此可见，商业广告与非商业广告在诉求目标上的区别就决定了它们的不同。二者之间的区别主要在于：①制作目的不同；②传播内容不同。

硬广与软广

广告在内容形式上逐渐演化出了“硬广”和“软广”两种更为细致的类型。

1.硬广告

硬广告即硬广，指的是直接介绍商品、服务内容的传统形式的广告。硬广属于大众更为熟悉的广告模式，在报纸、杂志、电视、广播四大媒体上看到和听到的宣传产品内容的纯广告均属于硬广。

例如我们经常在电视上看到的加多宝广告，反复播放一句：“怕上火，就喝加多宝。”这就是一则经典的硬广告。

这样的广告其实不乏存在的意义，在电视上循环出现，机械性地不断重复播放，总会在观众心里留下印象。特别是价格高昂的黄金档广告，信息的传达率相当高，涉及的对象也非常广泛，无论观众是什么年龄、什么职业，想不想看到这则广告，它都会出现在大众的视线中。

正所谓“成也萧何，败也萧何”，硬广的优点恰恰也是它的缺点所在——让人感到无聊和厌烦。这也导致人们在看电视的时候会在广告时间，也就是休息时间调换频道或者进行其他活动。

根据统计结果，31%的人在硬广的插播时间里选择查看社交软件，如微信、QQ、微博等，14%的人选择听音乐，14%的人选择玩游戏，6%的人会查看新闻，5%的人则选择网络购物。

由此可见，硬广在人们心中的印象一直以来是非常无聊的。虽然硬广的传播力高，但是渗透力却很弱，这导致大多数人不会因为广告推荐而去购买产品。

同时，硬广的商业味道浓，其内容形式容易引起观众的逆反心理，反而不利于产品和品牌的推广。

不仅如此，在电视上播出的硬广，从拍摄到播出，成本都是极高的，其中包括了广告策划费、明星出场费、广告监制费、电视台档位的购买和投放等一系列的费用。因此，投放硬广的性价比可想而知。

2.以报纸文案为代表的软广告

软广告即软广，之所以称为软广，是因为相对硬广而言的。软广是由企业的市场策划人员或广告公司的文案创作者来负责撰写的“文字广告”，与硬广相比，其精妙之处就在于一个“软”字。在互联网逐渐普及的时代，软广凭借“以柔克刚”“绵里藏针”的营销策略，已经成为各个企业、个体经营者进行宣传的必要手段。

尤其是在品牌的塑造方面，软广追求的是一种润物细无声的传播效果，追求让塑造的品牌形象能够深入人们的心底。

一次好的软广营销，不仅能够向客户展示商品内容，还能够开发客户，更重要的是开发客户的潜在需求，进而提高客户的转化率，达到主动出击的效果；一篇优秀的软广文从标题处就能够吸引读者，随着层层递进，诱发读者的好奇心，让其主动去阅读甚至思考。

例如某护肤品的软广：

眼部水肿可谓是一天之中面临的第一个护肤难题，就算在肌肤普遍缺水的秋冬季节也不例外，但是大家都想多睡一会儿，每天早晨的护肤时间相应就会缩短，那么，怎样才能快速、有效地消除眼部的水肿呢?

眼部水肿的原因主要是眼周的血液循环不良导致多余的水分无法排除而造成的，所以每天早晨洗漱完毕后应当做眼部按摩，保持血液循环畅通，这样一来眼部的水肿自然就消失了。要叮嘱大家的是，眼部的皮肤很薄，按摩的时候要轻柔，最好配合眼霜来按摩，这样避免拉扯到皮肤。现在很多眼霜都增加了排水、促进血液循环的中药成分，消除眼部水肿的效果都不错。

促进血液循环的眼霜推荐：雅漾舒缓眼霜

推荐理由：这款眼霜富含白菊成分，除了有镇静、舒缓眼部疲劳的功效，还能够使眼周部分血液循环畅通，有效缓解眼部水肿，褪去黑眼圈，滋润效果好，但又不会油腻，不会起脂肪粒。

上述例子其实是雅漾舒缓眼霜的广告，起初看到广告时读者会以为只是一个简单的眼部按摩教程，但实际上在广告最后不动声色地推荐了该品牌眼霜。

相对于硬广而言，软广也有自己的缺点，比如下面这则软广：

小长假期间，我选择了旅行，到达第一站福州后走了一段很差的路，到达了火车站附近的一家锦江之星。

第二天，我到火车站取票时无意中发现了一家很少人知道的快捷宾馆，由于距离开车还有一段时间，于是我跑到这家宾馆一探究竟。令人意外的是，快捷宾馆一楼是小超市和招待所，整体环境和锦江之星没什么区别。我看到大厅内还有牌子提示这家宾馆在3楼，于是坐电梯到3楼询问，这才得知这家宾馆可以打折，住宿一晚只要88元，比我前一晚在锦江之星住的138元的房间要便宜得多。跟随工作人员看了一下房间，也很干净整洁，而且距离火车站只有50米，对于我这个懒人来说是最好不过的选择。

之后，我习惯性地上网查了一下这家宾馆，不查不知道，一查吓一跳，网络预定的价格只要58元，这个价格完全颠覆我的想象。于是我就打电话过去询问，服务员说网络预订是特价，58元的房间稍微小一些，但设备一应俱全；大一点儿的房间要68元，按照网站预约介绍提示，预定项目还有加装电脑等可供挑选，于是按照提示信息，我预定了一晚这家宾馆。

下午我抱着怀疑的态度到了这家“史上最便宜的宾馆”，房间确实很小，但是条件还不错，该有的都有，没什么遗憾，下次我准备住豪华间，睡1.8米的大床，试试看，也只要78元。

这是一篇某宾馆的软广文章，它利用同类宾馆的价格对比，来突出自己的性价比高。但是无论描述得多么诱人，对于真正要住宾馆的人来说，他们不会买一份报纸或杂志来看。

同时，由于报纸和杂志属于静态的广告，其传播速度相对来说很慢，并且传统纸媒的订阅量在新媒体的冲击之下变得越来越弱，导致看到这篇软广的人并不需要它，需要的人也不一定能看得到，所以受众范围变得越来越狭窄。

3.网络时代的软广新形式

随着互联网时代的到来，软广出现了一个全新的形式，即通过互联网发布广告，此后各种自媒体软广逐渐涌现出来，包括微博、微信等，这类形式的软广有以下优点（图1–1）：

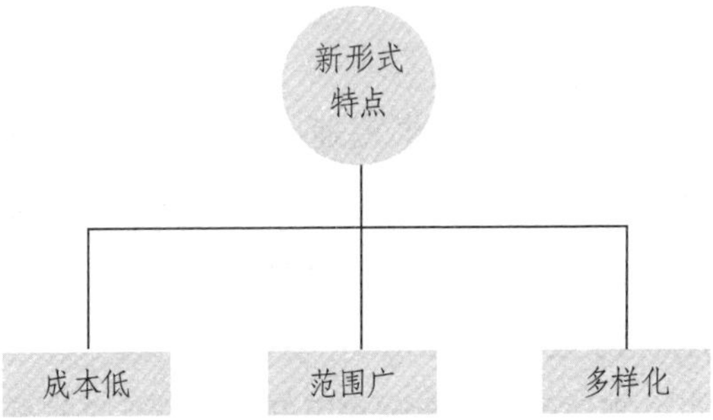

图1–1　网络时代的软广新形式

（1）成本低。通过网络发布软广，只要撰写网络文案、选择自媒体平台、发布软广，相对硬广而言，这样的形式在成本上降低了很多。

还有一些通过网络渠道投放的软广，例如在浏览网页时，网页中会自动弹出一些广告，这种类型的广告相对电视广告和网络广告的成本都要低得多。

（2）传播速度快，传播范围广。互联网是属于全人类的全球性网络，所以选择这样的形式发布软广，破除了传统软广传播速度慢、受众范围狭窄的特点。

比如某时装品牌的软广，其内容就是教人怎么搭配衣服，在文章最后都有前文图片中衣服的价格，也就是商品的介绍。

这种类型的网络软广可以通过微信公众号的形式发布，也可以通过朋友圈、私信进行传播，看到这则软广的用户，只要想要了解相关方面的问题，都会点进去看一看，这样就促进了对商品的主动了解。并且在朋友圈中转发此类广告，更方便用户转载、分享、收藏，也更方便读者查找。

在当今大数据时代中，这样的营销手段更有效果，更有利于软广的传播和推广。

（3）形式多样。由于软广是通过网络的形式发布的，其文章都有一定的网络特征：形式简短、内容新鲜等。所以新时代的软广，不仅是文字的表现，还可以采用图片、视频、动画以及故事层层递进的营销手段。

可以说，现在的商业活动离不开广告，无论是硬广还是软广，都是连接商家和消费者之间的桥梁。所谓“好酒不怕巷子深”的自信与骄傲，在互联网经济时代的今天是行不通的。广告对于企业和商家开拓市场、促销销售、改进公众公关形象、提高整体竞争力和社会影响力等方面，都起着十分重要的作用。

然而，这座桥梁该如何搭建，就看“设计者”对广告的把握了。

文案的发展进程

朱迪斯·查尔斯传播公司的总裁查尔斯曾说过一句著名的话：“文案是坐在打字机后面的销售家。”“文案”二字说起来简单，仿佛但凡能识字、会表达的人都能够成为文案。但其实，文案的真正意义远不止如此。上文已经提出，广告与文案有着密不可分的关联，那么想要成为一名出色的文案创作者，还需要了解标准文案的发展进程。

文案的来源

文案最初指用来放书的桌子，后来泛指在桌前写作的人。随着社会的进步和时代的发展，现在所说的文案策划主要就是在公司或者企业中从事文字工作的人进行的相关策划。

在实际的写作应用中，文案在内容上是“广告文案”的简称。广告文案有狭义和广义的区别，狭义上的广告文案包括文案标题、文案正文、文案口号的撰写，广义上的广告文案包括除狭义概念的广告文案内容外图片和广告形象的选择。

文案的工作内容

随着各行企业对于文案的不断重视，文案逐渐渗透进多个行业，尤其是在广告领域，文案发挥着越来越大的作用，成为宣传方式的主角。在广告文案的策划中，通常美工和文案需要按照分工各自完成不同的任务，但是两者都服务于同一个主题。比如，某房地产公司撰写“以国际的标准考量世界”的文案口号，配图是一张充满设计感的建筑海报，二者相辅相成。

在实际的应用当中，文案除了以上这种口号类型，还有很多形式。例如，平面广告、企业相关内容、产品相关内容、网络软文领域、可用文案形式以及其他相关方面。

其中，平面广告包括报纸广告、杂志广告、海报广告等相关方面；企业相关内容包括品牌样本、产品目录、企业内部文案、网络文案等；产品相关内容包括各类产品的包装文案等；网络软文领域包括新闻式、故事式、评论等不同的网络软文；可用文案形式包括产品或品牌命名、商店的公式或店内的物料文案；其他相关方面包括协助管理人员、美工人员优化和润色方案文字等。

文案的直接构成

国内的广告公司根据行业需求不同，创造了种类繁多的文案类型，如创意文案、企划文案、品牌文案等。一个完整的文案是广告内容的文字化表现，主要由标题、副标题、广告正文、广告口号四个部分构成，四者之间相互搭配形成的图案图形最后组成广告文案的设计（图1–2）。

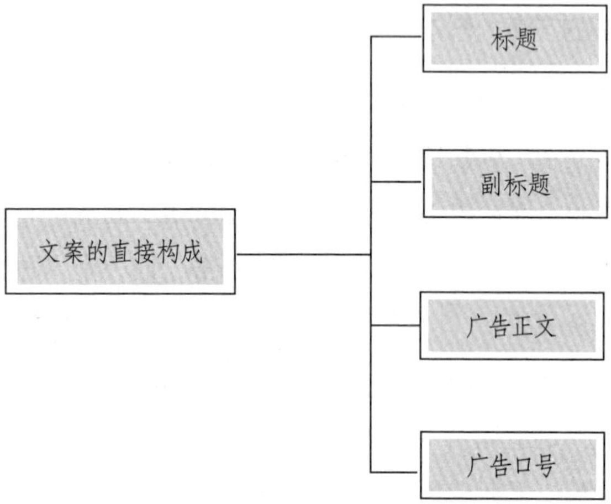

图1-2 文案的直接构成

1.标题

标题是广告文案的主题，广告的诉求重点是标题的最常态内容，一般要求广告的内容通俗易懂，语言运用要简明扼要，表达清晰、新颖、有个性，句子中的文字数量一般在12个以内。

标题的实际意义是吸引人们对它的注意，给大众留下深刻的印象，只有当受众群体对标题产生兴趣，才会选择去阅读正文。

2.副标题

副标题是对主标题的补充和说明，副标题属于文案的重要组成部分，关系到文案的内容表现。

副标题的内容与主标题相呼应，或者进一步深化主题的内容，表现主旨的环节，能够做到主标题无法代替的作用。

3.广告正文

对于任何企业而言，想要打败竞争对手从而获得市场，广告是一种必需的支持，而广告正文就是广告中最直接且有效的核心部分。

广告正文抓住所要表达的主要内容进行阐述，须言简意赅、突出重点，同时文案内容要符合实际、通俗易懂。

通过体现不同产品的特点和优势，使消费者掌握商品信息、服务个性，从而更好地促进销售目标的实现，这是广告正文的实质意义。

4.广告口号

口号是文案中的一种战略性语言，其目的是用重复的内容，达到深入人心的效果。广告口号因为其简短、富有号召力等特点，成为广告文案中必不可少的因素。

广告口号的撰写要注意简洁明了、独创有趣、便于记忆、易读上口。广告口号常用的形式有联想式、比喻式、推理式、赞扬式、命令式等。

文字化的信息表现是文案的组成

在现代商业竞争中，精彩的文案往往能够让一个企业在众多的同类型企业中脱颖而出。文案是竞争的利器，更是宣传企业的核心和灵魂所在。

文案主要来源于广告行业，但是与广告类型的活动策划存在一定的区别。

文案策划和活动策划都以文字为主要的表现形式，但文案策划侧重文字本身的意思，活动策划主要侧重活动本身的内容。

文案写手：专业的领域创作者

对于企业而言，对内对外的宣传都是极为重要的。专业的文案创作者，不仅能够撰写文案中的文字内容，而且能够策划文案营销活动。文案创作者往往属于复合型人才，对于企业的作用和影响是十分明显的。

文案创作者在类型上主要分为两种，分别是组织内部的工作人员和自由撰稿人士，其中以内部工作人员为主。与文案创作者相关的常见组织或公司有广告部门、广告公司、公关公司、大型商店、营销公司、广播公司、报社、出版社、杂志社、电视台等。

对文案创作者的要求

文案涉及很多领域，不同的职位所需要的文案创作者的能力不尽相同。有些行业需要文案创作者好奇心十足，喜欢听八卦，以更多的见闻奠定灵感的迸发；有些行业则需要知书达理或稳重淑身的文案创作者，凭借其才能让文案工作实现创新。

在招聘文案创作者时，HR会从4个方面考量其能力（图1-3）。

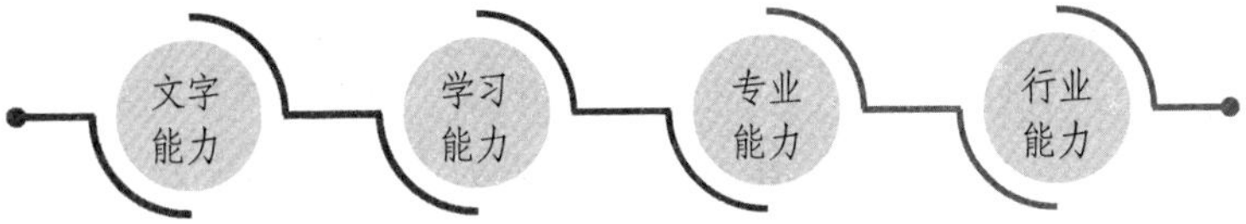

图1-3　对文案创作者的要求

（1）文字能力，即要求文案创作者有较强的文字组织和表达能力，能够撰写优质的稿件。

（2）学习能力，即要求文案创作者能够快速接收外界信息，做出反应的能力较强。

（3）专业能力，即要求文案创作者有新闻、广告媒体、中文等学习经历，有一定的知识基础。

（4）行业经验，即要求文案创作者有文案策划与撰稿工作经验，营销活动策划经验丰富。

工作的相互沟通

文案所需的工作内容并不是独立存在的，如在广告文案的设计中，美工和文案创作者各自分工，但是二者的工作中心点是一样的。文案创作者作为一个策划者，在平时的工作中如何进行工作内容的沟通，将自己的创意充分传达给美工，进而让美工用具体的图片或作品表达出来，是一件有难度的事。

对于策划者而言，创意往往是独一无二的，甚至无法用语言去表达，与之搭配的美工却需要充分地理解文案内容，才能准确地完成任务。

从文案的角度出发，要想避免美工的重复工作，那么在沟通需求时就要注意以下4个方面的内容：

（1）项目背景（包括简短明了的内容、全面的项目认识）。

（2）主题目的（包括主题相关的信息、能够完成的效果）。

（3）目标受众（包括项目的用户群体、针对的具体人群）。

（4）时间安排（包括工作量安排情况、涉及的相关人员）。

其中，主题目的决定了目标受众，目标受众需要项目背景，项目背景又为时间安排做出了决定。

不可不知的文案写作基本原则

文案创作者所面临的诸多问题，基本源于以下3点：如何开始、如何撰写、如何结束。这3个问题是大多数文案创作者会碰到的棘手问题，如果无法解决这些问题，则无法顺利地完成写作。很多文案创作者对如何解决以上问题困惑不已。

如果文案创作者能够掌握文案写作中的5项基本原则，就能够找准写作目的，进而确定写作中的要素。

1.以终为始，明确写作目标

最重要的一步就在这里。文案创作者在动笔之前，必须清楚自己的目标是什么。从内容营销的角度来看，文案创作者通常要寻找能够教育或说服目标受众同意自己的某个观点，即跟产品销售有实际关系的观点。明确了这个目标，文案创作者在创作过程中就不会从这一个想法跳到另一个想法。

2.解答目标问题

文案创作者在心中确立了文案最终所要走向的目标，那么紧接着面临的问题就是了解目标受众。因此，文案创作者应当弄清楚受众对于文案所要表达的观点可能会提出的问题，并且能对这些问题一一进行解答。只有这样，才能够将目标受众诱导到文案所要表达的终极目标中。

3.搭建完整框架

不管是十几个字的短文案，还是几千字的长文案，都不是天马行空突发奇想地写到哪里算哪里，而是应该先拟定好大致的框架，再填充其中的内容。当然，很多经验丰富的资深文案创作者并不会用文字来拟定框架，因为他们已经在脑海中搭建了完整的框架，能够做到胸有成竹。

一般文章都会以起、承、转、合的模式构建，当然，这样的模式并不适用于所有文案。但无论是什么模式，文案创作者都应该通过语言的逻辑说服或教育受众，而不是文案创作者写得糊涂，受众看得也糊涂。

框架可以是文案的小标题，也可以是文案每一部分的大意，文案创作者应当多花一些时间先构建好文案的框架，才有机会施展自己的文字才华。

4.不要偏离框架主题

文案创作者想要写出叫好又叫座的文案，心中始终要装着这一点：不要离题。想要做到不偏离框架主题，需要文案创作者设定尽可能简单清楚的主题，并且能够解答围绕主题可能出现的各种问题。

5.确保文章精致

确保文章精致不仅要求文案创作者做到自己的文案没有冗余的废话，而且要保证文章在文字精简的前提之下能够禁得起仔细推敲。

文案创作者应当时刻反思自己创作的文案是不是有更清晰的

表达方式，是否有禁不起推敲的地方。对于有经验的文案创作者来说，他们往往可以边写边在脑子中完成编辑，一气呵成写出流畅并实用的文案。但对于新手来说，想要做到这一点，可以通过大声朗读给自己或别人听等方式检查自己的文章是否流畅，然后多加修改，方能进步。

网络问世，不一样的文案要求

在网络快速发展的时代，广告市场中对于文案的要求也大不相同。

从整体上来讲，文案的撰写技巧、写作原则与目标其实并没有改变，最终目标所在群体也不会因为网络的出现而发生变化，但是细节上的改变确实是存在的。

在下文中，我将针对互联网所带来的改变，以及网络时代的新型文案意义进行分析，深入阐述文案在当代社会中的改变及其重要性。

互联网对文案的改变

互联网浪潮的出现改变了许多行业的发展方向，而对于文案策划而言，主要的改变体现在以下4个方面（图1–4）：

1.文案内容进一步精简

当今人们生活的时代是人类历史上最快节奏的时代，每个人都比过去更加忙碌，于是，人们生活中的空闲时间变得很有限。当购物的便利性和速度成为一种卖点，如何节约消费者的时间就成了广告文案的一种新兴要求。

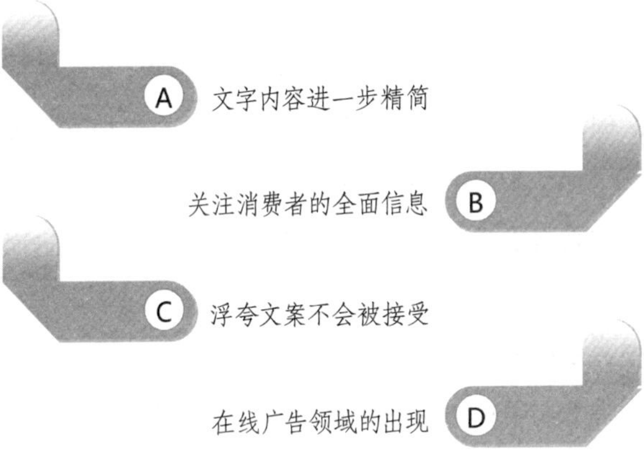

图1-4　互联网对文案的改变

很多品牌的广告文案，只需要消费者花几秒钟的时间即可阅读完毕，并且获取了品牌商想要表达出来的信息。

内容的精简一直以来就是文案的基本要求，在实际的创作过程中，精简内容一直被放在最重要的位置上，但互联网时代将这种要求进一步提高，促使文字的精简程度更加突出。

互联网让大众对某一事物的关注时间变得短促，人们很难耐下心来阅读长篇大论的文章，于是简洁扼要的文风慢慢就变成了主流。

目前，广告文案内容的基本要求已经演变成为删除文案中的累赘文字，让整体文案更为简练，因为大部分成功的网络文案都越来越趋势于用一句话来概括，文案创作者参照这个基本要求编写文案更能够吸引受众群体的注意力。

2.关注消费者的全面信息

信息泛滥已经成为当代社会的常态，但这并不意味着每个人的知识量会随着接收信息的增加而增加。对消费者而言，能满足其自身需求的广告内容才是关注的重点。因此，为了达成这个目标，文案创作者就需要挖空心思让内容与消费者切身相关，这样才能够让广告内容从诸多的信息中脱颖而出。

了解消费者需求是关注消费者信息的根本目标，进而直接体现在文案内容当中，在最后的阶段打动受众群体。

目前，最好的方法是文案创作者和品牌商从消费者的切实需求出发，将潜在用户的相关需要、渴望、期盼或者担忧等情绪直接在广告文案中展现出来。

3.浮夸文案不会被接受

受众群体被优秀的广告文案打动的次数越多，越会产生不同程度的审美疲劳。对于受众群体而言，新出现的文案需要更加优秀才能被他们认可。

在优秀文案层出不穷的情况下，无意义的推销信息、过于浮夸或平庸的宣传文案就无法被接受。

互联网的出现是让消费者对浮夸文案和平庸文案拒绝接受的原因，互联网促使消费者对于文案的要求不断提升，消费者希望获得更为实用、更有助于解决问题的信息。

目前，文案在内容精美与内容严谨等方面更加突出，有教育意义的文案成为时下最流行的一种文案，广受大众的好评和认可。

4.在线广告领域的出现

在线广告指网络平台上播放的广告，是正规媒体广告中的一个部分。在线广告主要出现在各个视频网站上，例如各大汽车品牌和食品品牌在爱奇艺、新浪微博上的在线播放广告。

在全球范围内，由于近几年在线广告的发展速度越来越快，其市场支出也在不断升高。据调查，全球在线广告市场的支出在1000亿美元左右，北美地区的在线广告市场份额甚至已经达到全球广告市场份额的39%。

这种网络兴起的大环境对于文案写作有一定的影响力，它成为营销人员文案竞争的主战场。

目前，在线广告的文案数量仍然保持着增多的主态势，随着网络对于大众实际生活的进一步影响，在线广告领域也会有更长远的发展。

文字作用的突出意义

文案之所以不可或缺，是因为文字本身的作用不可限量。因为大众对于文案的要求越来越高，所以，当去掉太过朴素或太过花哨的外在图片装饰之后，最后剩下的就只有文字了。所以对于商家而言，文字是突出自身的最好方式。

网络的出现并不能掩盖文字的突出意义，尽管在形式上出现了抢夺消费者注意力的形式，如电视广告、电子邮件、弹出式内容、邮递宣传单等，但想要说服消费者，需要的仍然是文字本身。

在网络时代，每个人能获得信息的渠道多如牛毛，但所有信息的作用在本质上都归功于文字，只有精彩且有创意的文字才能获得大众真正的认可。

第2章

文案的终极目的

文案对于产品的销售与品牌的推广都起着重要的作用，是每一位销售人员都必须要了解的内容。

文字的感染力是文案的创作目的

编辑文案是商业宣传中一个较为重要的环节，优秀的文案具备强烈的感染力，能给商家带来很大的收益。在信息丰富的网络时代，并不是所有文案都能获得成功，比如一些缺乏技巧的文案。从文案写作的层面来讲，文案文字感染力的来源主要有4个部分：准确规范的信息、准确的内容定位、生动形象的表现、创意和主题的突出。

准确规范的信息

众所周知，网络的信息量十分庞大，信息增长速度随着互联网科技的发展日益加快，由此产生了“信息爆炸”这个词汇。

信息爆炸有庞大的原始信息量和更新的网络信息量之分，其共同表现为新闻信息飞速增加、娱乐信息急剧攀升、广告信息铺天盖地这3个形式，这些表现形式是作用于每个人身上的，也就是说，每个人都会被这3种情况所影响。

我们每天被动接收的信息量十分庞大，尤其是形式繁杂的广告类信息。对于文案的创作者来说，只有在信息量庞大的网络中脱颖而出，自己的文案才能被大众认可。

在实际应用的过程中，准确性和规范性是所有文案写作的最基本要求。首先，文案中的表达是规范和完整的，一定要避免语法错误、表达残缺等；其次，避免使用容易产生歧义或者产生误解的词汇，文案中的文字要准确无误地使用；再次，不要创造虚假词汇，文案中的语言表达要符合大众的语言表达习惯，不能生搬硬套某些文字；最后，要用易懂易记、大众化通俗化的词汇来撰写文案，尽量少用冷僻词汇或者过于专业化的词汇。

准确和规范的信息能够促进广告的有效传播，节省相关资金投入和人力资源投入等，从而创造更好的效益。

精准的内容定位

精准定位同样属于文案的基本要求之一，每一个成功的广告文案都具备这一特点。文案的内容中，精准的定位能让产品被受众群体更好地接受，潜在用户也会被相关信息打动。

文案创作者在文案的编写中，最好用简单明了的、尽量少的文字来表达产品优势的精髓，以保证产品信息传播的有效性；文案尽量精简干练，才能吸引受众群体的注意力，也方便受众迅速记忆相关内容；使用简短的语言文字形式能更好地表达文字的内容，防止受众群体产生阅读反感的现象；同时，文案创作者也要换位思考，站在受众群体的角度想问题，把与产品相关的、有针对性的内容通过文案直接表达出来。

生动形象的表达

对于同行业竞争的企业而言，文案设计往往会出现针锋相对的现象，例如天猫和京东。

从文案创作者的角度来讲，虽然文案的核心是文字，但是生动形象的图片往往会带来意想不到的效果。生动形象的图片能吸引受众群体的注意力，从而激发受众群体的兴趣，促进产品新的传播和销售。

当然，这就要求图片中的内容更容易被大众所接受，意思表达更清晰明确。

突出创意和主题

创意对于所有行业的广告文案都十分重要，特别是在网络信息十分发达的社会中，自主创新的内容总能让人眼前一亮，进而获得更多的关注。

创意是为广告主题服务的，所以文案的创意必须和主题有着直接关系。创意不能生搬硬套、牵强附会，必须符合行业的自然规律。对于正在创作中的文案来说，想要突出其特点就要在保持创新的前提下通过多种方式更好地打造文案本身，比如图片和文字结合的双重创意往往比单一的创意更能打动读者。

当然，一篇创意性文案还应当具备词语优美，内容流畅，打造视觉、听觉享受，便于记忆，契合主题，重点突出，易于识别，方便传播等特点。

好的广告看起来完全是为消费者着想

广告创作者要牢记的一点是消费者都是“自私的”，消费者都会首先以自身利益作为考量的标准。如果广告创作过程中忽略这一点，不仅不会受到欢迎，还会付出惨痛的代价。

好广告通常不是请求消费者购买，也不会提到商品的售价，而是以提供服务为基调，或提供消费者感兴趣的信息，告诉消费者自身产品的优势所在。也许他们还会提供一份样品，或替消费者购买一件产品供他们试用，或将包退包换的产品试销给消费者。这样，消费者就可以放心去验证广告对产品做出的各种承诺，不用担心任何损失和风险。

好广告看起来似乎完全是为消费者着想，但这些广告其实是以对人性的洞察力为基础的，文案创作者很清楚该怎样引导人们去购买。

这就是销售艺术，优秀的推销员不是大喊某一个品牌，他不会说“来买我的产品吧”，而是会把自己放在消费者的角度诱导消费者，从而确保消费者看到广告就愿意自动购买。

案例一：

一家生产木刷的工厂聘用了2000名上门推销员，让他们挨家挨户推销木刷。这家工厂的产品线貌似不广，但木刷却卖得非常火，这是因为销售员的推广方式十分特别。

他们来到顾客门前，对顾客说："厂家让我来送你一把木刷，我有很多不同的样品，你可以挑一把自己喜欢的木刷。"

这些顾客听得满面笑容，在挑选木刷时又看见了好几把自己喜欢的木刷，因为收到了礼物，又希望满足自己的喜好，顾客因此额外购买了木刷。

若推销员只是请顾客购买自己手中的木刷的话，一定无法打开木刷的销路。

案例二：

一家销售咖啡类商品的商行，推销员在大约200个城市驾着马车推销商行的商品。来到顾客家时，推销员会带上半磅咖啡对顾客说："请收下这袋咖啡，请您试品，过几天我会回来听听您对咖啡的看法。"

当他再次来到顾客家里时，也不去劝说顾客购买咖啡。他解释说，他想送顾客一套精美的厨具，虽然不是免费赠送，但是如果顾客喜欢他的咖啡的话，每购买一磅咖啡，他就给顾客5美分的货款，直到付清那件厨具的价格。听到这样的"福利"之后，顾客都很愿意购买推销员所推荐的咖啡。

案例三：

有一家生产电动缝纫机的工厂，难以打开产品的销路。后来，厂家得到一个合理的建议，不再恳请顾客购买，而是通过代理商将电动缝纫机送到顾客家里，供顾客使用一周时间。同时，厂家还会派人前往顾客家里，手把手教顾客电动缝纫机的操作方法，并向顾客分发印着“让我们免费为您提供一周的服务，而您没有任何购买义务”字样的广告。这样的优惠条件让人无法拒绝，试用家庭十有八九都会购买电动缝纫机。

这些都是普遍运用的销售方法，然而，文案创作者在用文字做广告时却经常忘记运用这些原则。因此，文案写手应当灵活运用推销员常用的推销手段，不以强迫的形式“逼”消费者购买，而是从为消费者着想的角度，诱导消费者购买自己所要推销的产品。

“看过来”刺激产品销量

“五粮液集团为您整点报时！”这样的广告词，相信每个人在日常生活中都听到过。实际上，这是一则将文案和营销手段结合到一起的广告。

在日常生活中我们不难发现，类似这样的广告可谓极多，我们每天每时每刻都会听到、看到，尤其是五粮液集团的这一则广告更具代表性。

大家都会认为，这些广告是给爱喝酒的人们准备的，认为喜欢喝酒、想喝酒的人才会去买酒，不喜欢喝酒的人、不想要喝酒的人就不会去买酒，其实并不是这样的。

广告的目的是营销，这则酒水广告面向的受众人群十分庞大，很多人都是五粮液集团的潜在客户。喜欢喝酒的人想要买酒时，想到这则广告，就会去买；不喜欢喝酒的人，如果想要送他人礼物，或者身边的朋友需要购买酒水的时候，他第一时间就会想到这个品牌。

在这个信息化的时代，软广的神话虽然很多，但是随着互联网的发展，软广的神奇功效已经不同于以往了。那么，在新时代的背景下，软广文案到底该如何做才能与营销更好地配合并起到更好的效果呢?

软广既然称之为营销手段，必然要与策略相结合，除此之外，软广文案的质量也十分重要。

在产品质量过硬、服务质量高等诸多前提下，在做好软文推广的同时，建议其他形式的推广同步进行。有句古话说“酒香不怕巷子深”，在这个竞争空前激烈的时代却应当是“酒香却怕巷子深”，文案营销应当作为一个窗口，是让消费者了解到产品有“酒香”的一条大路。

在不同的时代背景下，当今的文案与曾经的文案之间已经发生了翻天覆地的变化，但是万变不离其宗，文案的功效还是十分显著的。

同时，文案营销不是随便将文章发出去，而是从产品到文字，从想法到行动，每一个细节与数据都需要用心去经营与分析。在互联网时代，只要用对了方法，就一定会有好的收获。

“扎心了”激发消费者购买欲

无论在著名的淘宝网，还是在任何其他电商平台，都能够看到各式各样百花齐放的文案。其实，文案的目的十分明确，那就是激发消费者的购买欲。那么，一篇文案如何能够勾起消费者的购买欲呢？

各电商平台卖的产品，除比拼“让人尖叫的产品”之外，“让人尖叫的文案”也是至关重要的。优质的文案，能让消费者自然而然地陷入其中，回味无穷，然后买单。而索然无味的文案，如同嚼蜡，消费者看过之后会有一种“被强迫”的感觉。

那么，怎样写出让人有购买欲的产品介绍文案呢？怎样的文案才能激发消费者对产品的购买欲呢？答案就是：突出自家产品相比市场上其他同类产品的优势，写好认知对比文案。

很多时候，如果一件产品不能完全颠覆市面上的传统产品，那么其卖点就应当定位在某些方面比其他产品更好。比如，某牛奶品牌提出“营养更丰富”，某加湿器品牌提出“更安静”，某毛巾品牌提出“吸水性更好”，等等。

品牌既然有这样那样的优势，就要直接表达出来。但值得注意的是，文案的表达不宜过于直接、平淡。比如下面这个文案：

“我们的牛奶产自天然牧场，营养价值更高，对您的健康有更大帮助。”这是某牛奶品牌的广告文案，虽然体现了产品本身的特点，但是这样的文案，太过于平淡，读起来根本没有吸引力，消费者看过即忘，根本无法激起其消费的欲望。可以说，这样的一篇文案就是失败的。

在此，以德尔玛加湿器的广告文案为例：

德尔玛加湿器采用陶瓷雾化片，通过超声波，将水箱中的洁净水源迅速雾化为1~5μm的微粒子，通过涡轮风动装置，将水雾以每小时350ml的大雾量源源送出，相当于每小时为肌肤补充了一瓶矿泉水的水能量。

德尔玛加湿器的加湿量大而足，相当于12瓶水的6L容量，一次加水，最长可持续加湿30小时，能给你一整天的水润，再也不用半夜加水。半透明的水箱可以直接观察到剩余水量。

12小时长久定时，加湿器时间由你做主。长按“定时”键约2秒，进入夜间模式，水灯关闭，5秒后屏幕亮度自动降低。35dB低声运作，胜似轻声细语，在夜间也能让你安睡无忧。

实时检测室内温度与湿度，并为你制定最佳的加湿方案。LED大屏高清映射，温度湿度一眼便知，智控微环境，为你智慧加湿。

PTC发热体常用于空调、干衣机、暖风机等家电领域，安全可靠。德尔玛加湿器采用PTC为水槽中的水加热，可以迅速将水加热到90℃左右，高温净水，让你加湿无忧。

开启加热功能，释放47℃左右的温和暖雾，不会因水温太低而对皮肤产生刺激，对宝宝同样适用。

德尔玛加湿器的这款文案在品牌公众号发出后，很多顾客都留言说："竟然还可以用来做spa""净水系统不能更诱人"。也有很多人发来鼓励："继续保持好品质！""真的很静音"。与此同时，德尔玛加湿器的产品销量在迅速增长，证明这篇文案取得了很好的反响。

通过上述两个案例能够看出，一篇生动不生硬的"认知对比"形式文案，不仅能够突出自身产品的优势，还让读者一读就懂，最后心动下单。文案写手完全可以运用这样的小技巧来凸显自己品牌商品的优势。

“为你好”赢得消费者信任

著名的奥美公司董事长奥格威先生曾经说过这样一段话：“消费者不是低能儿，她们是你的妻女。若是你以为一句简单的口号和几个枯燥的形容词就能够诱使她们买你的东西，那你就太低估她们的智商了。她们需要你给她们提供全部信息。”

由此可见，其实大部分人对于广告的真实性都是存疑的，如何能够获得消费者的信任则成了关键。如果说激发购买欲望是给消费者购买找到感性依据，那么若想赢得消费者的信任，就需要文案给消费者呈上一个理性证据。

想获取消费者的信任，具体做法大致可以分为四个方面：权威认证、事实证明、消费者口碑、消除顾虑（图2–1）。

图2–1 如何获取消费者信任

1.权威认证

权威认证往往是取得消费者信任的最具成效的方式。在文案创作中，应当极尽所能塑造权威人士的高地位，体现权威人士在行业中的举足轻重，所有人都希望得到他的认可。除此之外，还应在文案中描述权威的高标准以及得之不易。

在此，以“没想稻”品牌的文案为例。这是一个出售五常大米的品牌，专门请来香港食神戴龙（高地位）为品牌站台，并称赌王曾经花5000港币就是为了吃一口他做的黯然销魂炒饭（高标准）。

没想稻品牌借他的权威之口说出“在这一碗米饭里面，我看到了真心”，以此赢得了消费者的信任。并且，该品牌的文案中还提出，香港食神愿意用没想稻五常大米做一次黯然销魂炒饭，这再一次增加了消费者对没想稻品牌的信任度。2016年10月，没想稻品牌上线众筹，短短6小时就卖了12万斤[①]。

由此可见，权威认证并体现在文案当中是博取消费者信任的强有力的方式。

2.事实证明

事实是获取消费者信任最直接的方式。与权威认证相比，事实证明更为直接，同时能够更加直观地为消费者表现产品的实际情况。

例如，某家生产钢化膜的公司为了证明自家生产的钢化膜能够有效地防止碎屏，拍摄了用锤子砸贴了膜的手机的实验视频

---

①1斤=0.5千克。

发布到网络上，并且打出了“真实拍摄，店长亲测”的口号。很快，这家钢化膜公司的广告用事实赢得了消费者的信任，带动了钢化膜的销量。

3.消费者口碑

俗话说“金杯银杯不如老百姓的口碑”，可见消费者口碑对于产品推广起着至关重要的作用，往往最能够赢得消费者信任的方式就是利用消费者口碑。

随着网络不断发展，人们会根据豆瓣的评分决定是否去看这场电影；会被微博里的水军“带节奏”而影响对事情本身的判断；会因为卖家秀“长草”或者“拔草”。

收集消费者口碑证言不难，重要的是挑选的证言必须要集中于消费者的核心需求。很多时候文案写手替消费者写了证言，写的时候没切换角色，把好好的证言写成了硬广。市面上各种消费者的证言文案都是“我以前有某某烦恼，自从用了这款产品，问题解决了，我很开心！”但是，有经验的消费者刚看第一句就能知道这是广告。

写手在编写消费者口碑证言时，一定要多模仿消费者的说话语境。不同的消费者，说话的风格不同。另外还可以巧妙地写一些负面评价，使文案显得更加真实可信。

4.化解顾虑

即便品牌能够保证为消费者提供高质量的品质和服务，但有不少消费者心中仍旧十分不安。此时，品牌推广文案中的内容是否能够打消消费者的疑虑，是否能够耐心解答消费者的问题就显得尤为重要了。

一般情况下，消费者最担心3个问题：

（1）如果收到产品之后不满意，是否能退换，如果坏了是否可以维修或更换。

（2）服务费、运费、安装费等谁来承担，是否能够送货上门。

（3）购买产品时的隐私信息会不会被泄露。

在广告文案中，应当体现能够解答消费者担忧的内容，只有为消费者打消疑虑，才能够真正获取消费者的信任。

第3章

为何爆款文案总是直戳人心——创意文案准备工作

当了解了产品销售的目标群体后，首先就要去分析目标群体的心态，洞察目标群体的喜好，了解目标群体的行为模式，然后在撰写文案时投其所好。

文案创作的先决条件

在文案营销上，大多数企业都会进入一个误区，他们往往认为，只要在网上发布了文案，就一定能被客户看到，而且能吸引客户来购买产品。然而，许多企业信心满满地发布了文案，却收获不佳，这是网络给他们的一个警示——遍地撒网并不是有效的营销方法。

细分产品市场

企业在使用文案进行品牌推广之前，要先了解整个市场的发展趋势，找到适合自己的文案营销市场，才能更好地运用文案营销，因此，文案营销的首要任务就是进行市场细分，以便企业达到快捷、高效营销的目的。

俗话说“没有调查就没有发言权”，企业如果想要使用文案进行品牌推广，一定要先了解市场发展趋势，先行细分市场，根据自己产品的目标群体来创作文案，这样才能使文案的价值最大程度体现出来。

市场细分是从消费者的角度，将一个总体市场按照共同特征划分成若干个子市场。

企业运营中，目标市场的选择恰当与否，关系到企业目标任务能不能完成，也关系到市场营销战略的制定和实现，因此，市场细分非常必要，企业可将以下3个原则作为市场细分的参考：

1.消费者的购买初衷

消费者的购买初衷各有不同，因此，撰写文案需要通过描述产品特性来触动消费者的购买初衷。

2.消费者的购买需求

购买需求，即消费者对产品价格、产品外观、产品质量和产品安全等的需求。在细分市场时，企业要充分了解消费者的购买需求，这样便于做出有针对性的文案推广方案，从而调动消费者的购买欲望，售出产品。

3.消费者的购买动机

想要使用文案进行品牌推广，那么在企业细分市场时，需要对消费者的购买动机有明确的了解，这样才能对消费者的不同购买动机形成深刻的见解，并制定有效的文案推广策略。

市场细分能帮助企业认识文案营销市场，研究消费者和竞争对手，为企业选择合适的目标市场，为企业制定的营销策略提供依据，有利于调整市场的营销策略。在任何市场上，细分市场总是起着相当重要的作用。其具体作用如下：

1.帮助确定目标市场

通过市场细分，子市场会比较具体，这样企业能相对容易地了解消费者的需求，在进行文案推广时可以对症下药。

2.便于制定推广策略

细分市场后，目标市场相对变小，有利于制定恰当的推广策略，运用文案推广时，可以根据目标市场来确定文案的写作方向。

此外，细分市场后，信息面变狭窄，更容易了解行业信息，当消费者的需求有所变化时，企业可迅速改变推广策略，根据市场需求的变化来制定相应的对策，企业的应变能力得以提高，企业的竞争力增强。

3.有利于开拓新市场

通过市场细分，企业可以探索出有利于自身的市场机会，合理制定企业发展方针，掌握产品更新换代的频率与方向，从而开拓新市场。

4.集中物资占领市场

任何一个企业的人力、物力、财力都是有限的，想要在激烈的行业竞争中获得胜利，就要学会集中资源去占领市场，而市场细分可以帮助企业找到合适的目标市场。

以上4个方面其实都可以帮助企业提高经济效益。此外，企业通过市场细分，可以根据目标市场生产适销对路的产品，加上文案推广，一方面可以满足市场需要，另一方面可以增加企业收入。

行业细分精确产品定位

每个行业都有自己的营销策略，不可能达成一致，所以不同行业在进行文案营销时有不同的风格和模式。在本节中，我们就来了解一下什么是行业细分，以及文案推广常涉及的行业举例。

俗话说“没有金刚钻，别揽瓷器活”，想要做好一件事，一定要提前做好准备，想要使文案推广的效果最好，一定要先做好准备工作。

不同的是，企业需要将每一个领域的文案营销都想象成一件瓷器，而每一个这样的瓷器都需要用不同的金刚钻来切割，也就是不同的风格，不同的模式。

行业细分的作用在于让企业能选择特定的经营领域，将整个行业的生产领域和市场领域分别按照若干特定的变量进行划分后进行再组合。对文案推广进行细分，能更好地达到企业的营销目的——在潜在消费者面前精准地曝光自己的产品，更加有效地抓住他们的眼球。

现在行业很多，在进行文案推广时如果没法根据行业特点来写，很难使推广效果达到最佳，本小节挑出几个常见的行业来分析文案推广的行业细分要点。

1.美容行业

随着人们对颜值的渴望，美容行业日渐兴起，行业竞争越来越激烈，商家的广告宣传次数和手段也是让人目不暇接，那么美容行业该怎样利用文案营销呢？下文指出了运用文案营销的方法——突出核心卖点，终端形象新颖，结合促销活动。

（1）突出核心卖点。美容行业需要把产品核心的卖点提炼出来，然后融入文案营销中，这样才能使得消费者更好地在文案中了解商家产品的特点，贴合产品的核心价值，从而达到文案营销的目的。

在提炼产品核心卖点时，可以从消费者关注最多的卖点出发，比如产品材质、工艺、功能、细节、颜色、造型、质量、环保、人性化等，不同的消费者可以找出适合自己产品的核心卖点。

（2）终端形象新颖。文案营销做得好不好，就要看能不能让企业的终端形象在众多竞争对手的包围中脱颖而出，从而决定了新顾客在购买和决策时能不能更多地想到本企业的产品，以及能不能给予老顾客更多的信心。

如果企业想要在这种激烈的竞争情况下让老顾客将自己的终端形象记在心里，那就得在文案营销渠道上下一番功夫了。

（3）结合促销活动。美容行业在运行文案营销的过程中，可以添加一些促销信息，这样可以很好地调动消费者的参与性，只有调动消费者的参与性，才能更好地使消费者自觉地购买产品。

2.教育行业

如今，教育培训行业的发展可谓热火朝天，随着教育产业的规模不断扩大，教育培训市场也日趋激烈。

大多数教育培训行业都把目光放在了文案营销上。文案营销能够多角度、多话题、长期有效、深入人心地推广品牌，提高品牌知名度。

那么，教育培训机构该怎样运用文案营销呢？其实只要做到4点——规划发展、前景规划、目标人群的需求、专家评论，就能轻松玩转教育培训行业的文案营销了。

教育行业文案营销的撰写方法如下（图3-1）：

（1）规划发展。教育培训机构的产品是培训服务，其客户是学生，这就必须营造品牌效应。只要品牌宣传做到位，就很容易吸引客户的眼球。

教育行业不能只做品牌宣传，还需要有一定的权威性，才能使客户放心到机构来学习，所以，用新闻文案来诠释教育培训机

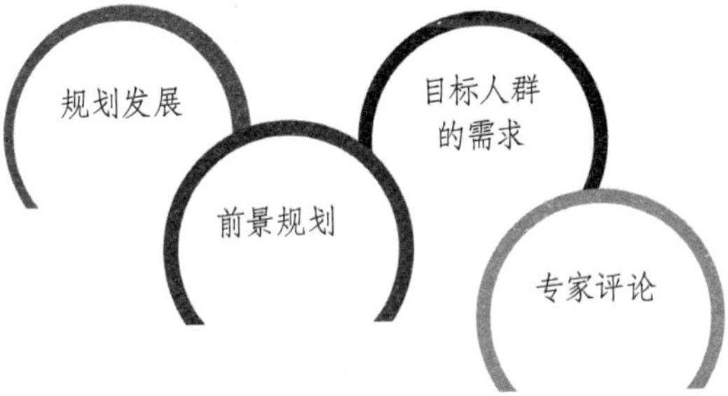

图3-1 教育行业文案营销的撰写方法

构是再好不过的营销手段。

教育培训的价值在于能为客户的职业规划发展开辟新途径，这种情况通过新闻文案能较好地达到品牌宣传的目的。

（2）前景规划。文案可以从就业前景出发来诠释教育培训机构对人们就职的重要性，对于教育培训机构的客户来说，他们是在不断丰富自己的知识，提升自己的内涵，使自己能够进入一个好的行业、好的企业，选择好的职业。

对于大多数人而言，待遇好、人才需求量大的领域所需要的相关知识，更有学习的价值，因此，从就业前景出发，更加能够触动受众的内心，从而打动受众，使其选择该教育培训机构。

（3）目标人群的需求。教育培训机构在进行文案营销时，针对目标人群的需求来切入也是一个不错的选择，针对需求对症下药，就很容易得到潜在客户，为教育培训机构更精准地找到生源。

（4）专家评论。教育培训机构可以切入专家的观点进行文案营销，通过专家的观点、评论等来解答目标客户的疑惑，一来为他们答疑解惑，二来将专家与机构结合宣传，提高权威度，让人更加信服。

了解产品的功能作用

不同的产品有不同的功能。常见的产品其功能基本是所有人都知道的，例如饮水机是用来喝水的，风扇是用来吹风的，相机是用来拍照的等。但是对于产品功能的具体分析，肯定是一些非专业人士所不了解的。例如单反相机，不了解它的人，只知道单反相机是拍照的，和其他拍照工具一样；然而对于专业人士来说，用单反相机拍照和利用微单、数码相机、手机拍照，有着很大的不同。

所以对于日常人们接触得比较少，或者不是特别了解其功能的物品，文案创作者就要从产品的各个不同功能的作用对产品进行详细的了解。

文案创作的目的是营销，和其他任何一种营销方式一样，其最终目的都是促进产品的销售。在文案创作过程中，要尽可能地体现产品的功能，这就要求文案创作者充分了解产品自身的特点，并且能够将其特点自然而且生动地融入文案当中。

任何文案创作者撰写之初都要了解产品，只有当创作者对产品了如指掌，才能根据产品的特性，及时为产品设计出贴切有趣又有价值的好文案。要做到对产品了如指掌，需要不断地搜集产品与市场的资料，除了花时间还需要用心地带着目的去做。

了解产品的特征优势

在对产品的具体功能有了详尽的了解之后，文案创作者还应当去发掘这些产品有哪些独特之处，并且找到其优势所在。

以手机品牌为例，著名手机品牌OPPO，就是利用与同类产品的不同特征——充电时间短，打出了“充电5分钟，通话两小时”的宣传广告；三星推出了一款曲屏手机，成为智能手机上史上出现的第一款屏幕为曲面的手机，那么文案创作就可以从这个角度入手，创作者应当详细了解曲屏手机和直屏手机的区别，并且找到曲屏手机的优势，然后再对其进行营销；再如iPhone手机，跟其他品牌的不同之处就在于其系统，在进行文案创作时可以从系统快捷、独创性等特点入手。

文案创作者要把握好产品功能的特征优势，然后从中找出最具优势的几个特征，以此为切入点进行文案的创作。

了解产品的目标群体

不同类型的产品应当针对不同类型的目标群体，因为同一产品无法满足所有人的需求，就像不同风格的衣服适合不同的人一样。卖奢侈品的商家不会在店内播放儿童歌曲做背景音乐；儿童游乐场的设计师也不会用大面积的大地色来粉刷游乐设施；化妆品品牌不会请一个形象并不出众的明星来当代言人。

这是因为，从目标群体来讲，卖奢侈品的商家主要针对的是谈吐优雅、经济条件优越的消费者，所以无论是店面装修、细节布置还是背景音乐的选择都要尽量贴合这些人的档次；儿童游乐场的目标群体主要是儿童，从儿童喜好的角度考虑，他们会更喜欢鲜艳明快的色彩；化妆品的目标群体主要是注意仪表、注重保养的人群，品牌自然要选择形象出众的艺人作为代言人。

当了解产品所针对的目标群体后，就要去分析目标群体的心态了，针对目标群体，在撰写文案时就要投其所好。

就拿小家电来说，它的消费者大多数是家庭主妇和事业刚起步的年轻人。对于这样的消费者来说，她们会本着节约的原则来购买商品，对于小家电的购物理念也是从产品价格和质量这两个角度考虑。在几种同类型产品品质相当的情况下，她们会优先选择价格实惠的产品。因此，在文案创作中，就应当在小家电的价格、质量等方面下功夫。

文案如何留住受众

那么，怎样才能让文案发挥最大的作用呢？笔者总结了文案创作中需要注意的4个要点，分别是精准定位受众、明确受众品味、紧跟受众口味、专为受众而写。

精准定位受众

文案创作的目的是希望得到广泛的关注，不像捕鱼，不是张开大网就能有好的收获，铺得太开反而容易顾此失彼，漏掉真正的潜在用户。只有进行细致的考察，确定受众群，针对这些有效人群投放信息，才能获得事半功倍的效果。

例如，受众定位为年轻人中的手机发烧友的小米手机，通过联系小米受众就能够猜测到，消费者熟悉甚至消费过很多时尚快销品牌，当然也熟悉他们的文案风格。

明确受众品味

文案创作归根结底也是一种营销，是以推广产品为目的的。在编写文案内容的过程中，实质上还是针对相应的用户群体进行品牌推广，树立品牌形象。因此，在创作文案之初，要进行一系列市场调研，以明确受众当前的阅读品味。

紧跟受众口味

明确受众品味之后，要认真分析受众的口味。如今网络发达，信息爆炸，如果做不到有的放矢，传播的信息就会很容易石沉大海，起不到任何推广的作用。

作为一个文案创作者，要想引得受众的关注和实现广泛的传播，取得更好的传播效果，必须系统地研究受众需求，抓住用户的胃口。文案的推广效果取决于受众的口味，那么文案的创作也应当紧跟受众的口味。

专为受众而写

企业有时候功利心太重，因而在使用以宣传和广告为目的的文案时，往往会因为操作不当，使得文案创作染上浓重的广告色彩。

文案因受众而生，只有当受众买单时，文案才真正起到了最佳的推广效果。如果产品的文案不为受众所接受，则达不到任何推广的效果。

选准文案发布平台

文案推广已经成为企业一种十分实用的宣传方式，通过在报纸、杂志、网络等平台宣传或投放广告，都能够提高企业的知名度、美誉度，进而实现产品营销的目的。准确选择合适的发布平台也是文案营销的重要环节。

文案发布平台介绍

文案发布平台，是对为广告营销提供的综合、整合、专业媒体资源平台的总称。

按传播媒介来分类，文案发布平台可以分为以报纸、杂志为主的传统类平台和以社交门户网站为主的网络类平台。

报纸、杂志等传统类平台作为主流媒体，其权威性强，但传播范围狭窄，成本很高；以社交门户网站为主的网络类平台权威性不强，但成本低、收益高。

网络类平台类型

随着文案营销越来越为企业所重视，网络类文案发布平台也逐渐进入了人们的视野，企业会经常在网络上撰写文案进行产品营销。通常，根据平台收费与否，将常见的网络类文案发布平台分为两种类型，即付费型和免费型。

付费型的网络发布平台有新浪、搜狐、爱奇艺、网易等，这种类型平台的文案发布按篇收费，文案中可以带链接，网站权重较高，这种类型的平台能让文案的关注度飙升。

而论坛、企业微博、Twitter、Instagram等则是免费型的网络发布平台，文案中可带链接，成本低，可操控性强，但阅读量也相对较低。

文案发布的表现形式

文案发布说起来很简单，就是把写好的文案发出去，实际上，文案发布和文案推广都需要一些技巧和窍门。

例如发布在豆瓣上的文案，作者通过一篇图文并茂的游记描绘了一次美好的旅行，用精美的图片搭配文字的描述，而后又在文章最后附上详细地址和攻略，来吸引读者。

或者时下流行的微博网红博主，往往通过拍摄视频分享其近期使用的化妆品，粉丝通过视频了解了博主的爱用品，就会有消费的打算。

再如微信公众号上的某一篇文案，小编通过一篇文章附加动图记录了一次烹饪经历，用动态图片点缀优美的文字，并附上食材、调料以及技巧，吸引读者阅读。

文案发布的重要策略

企业或品牌的最终目的都是推销自己，文案是为这个目的而服务的，所以发布文案就需要一定的策略，让文案发挥出最大的价值。以下是发布文案的4项重要策略：

（1）明确推广目的。不同的目的需要不同的推广方法，比如某品牌想要推广自己的产品，那么就要针对其产品特点做出适合的文案进行推广。

（2）明确目标客户，并对潜在客户进行分类。将潜在客户群体做一个分类，针对不同类型的客户，采用不同的推广方式。

（3）分析客户特征，根据客户的不同特征，有针对性地推送内容。在撰写文案的过程中，要充分了解客户的关注点，抓住客户的兴趣，让客户更愿意浏览文案的内容。

（4）转化营销目的，以客户为中心，为其提供实质性的帮助。当客户提出问题时，要对客户提出的问题进行详细的解答，提供有意义的帮助，这也是吸引回头客的一种方法。

采用口碑营销

信息爆炸，媒体泛滥，使得消费者对于广告和新闻都已司空见惯了，口碑传播的内容要新颖独特才能吸引大众的关注度，形成讨论热潮。

口碑营销介绍

口碑营销是企业非常喜欢使用的一种有效的手段。简单来说，口碑营销主要是指企业通过更好的服务和产品质量使得消费者对企业满意，并且愿意将其传播给自己的亲朋好友。这种营销方式成功率高、可信度强，以口碑传播为途径来进行传播企业品牌、产品信息。

口碑营销又称为病毒式营销，是以事件为核心“病毒体”，“感染”目标受众。“病毒式”的威力强弱，直接影响营销传播的范围，简单地说，就是用来做营销的事件的火热程度决定着营销的成果。

口碑营销特色

口碑营销的特色十分鲜明，在做口碑营销时要始终记得：产品是基石，口碑是目标，营销是手段。

通过不断循环口碑营销的过程，将产品或者品牌的口碑进行基本的优化。

（1）满足消费者喜好。如果营销人员没考虑到消费者的喜好，因而产生负面口碑，不但起不到推广作用，甚至会导致产品提前退出市场。

（2）保持传播基因。如果一件产品的推广能够保持持续性和故事性，则具有能吸引消费者持续关注的良性传播基因，更加容易延伸和扩散。

（3）选定传播途径。产品目标用户群特征决定了传播渠道，常见的渠道除了传统媒体，还有社交网站、门户网站等网络媒体。

口碑营销的原则

口碑营销也不是一蹴而就的，在操作过程中，还是要注意口碑营销的四大原则。

（1）生动有趣。口碑营销不能无聊乏味，必须出奇制胜。企业必须通过好的服务和优秀的产品挽留消费者，在产品和服务上如果能做到让消费者有新鲜感，那么消费者自然而然愿意向身边的亲朋好友传播这个品牌或企业。

（2）便于扩散。找出简明信息，帮助人们扩散。在运用口碑营销时，如果文案内容太多，太过于专业，那么在传播过程中就会显得非常艰难。作为企业，要简化品牌信息，帮助人们记忆商品和企业品牌，使其便于传播和推广。

（3）引起消费者兴趣。抓住消费者兴趣，引发消费者购买欲望是口碑营销中最关键的。一旦捕捉到消费者的偏好，那么企业和品牌商就不再是被动地等待消费者，而是主动吸引了消费者。

（4）值得尊敬。没有尊敬，就没有好口碑。无论是什么品牌，都应该正视其他企业，尊重所有消费者的喜好。如果无法做到尊重，消费者对品牌的好感度就会下降，自然会对这个品牌失去购买和推广的兴趣。

第4章

明确文案主题，凸显核心概念

广告最重要的功能是能够让消费者注意到他们的商品。宝洁心棉卫生纸的“阿炮先生”系列广告之所以成功，正是因为那个“喋喋不休”的形象深入人心。宝洁心棉的品牌形象得到了消费者的注意，才为其创造了惊人的销售业绩。

文案，有创意的主题才有意义

随着时代的进步，广告理念也不断进步，文案也必须有创意才能得到关注。

但是，不能在不懂得如何遵循常规之前就想去打破常规。精彩广告的灵魂不会发生改变，那些成功的广告依然是伟大、智慧、高效、幽默、精彩的，并且富有人情味。

要想做出一个创意广告去打败观众的冷漠和愤怒，需要一个策略，那就是用简短的语句把广告中的核心且有竞争力的信息传达给观众。

除了策略，还要明确文案创作者是在和一个品牌打交道。品牌不仅是包装盒上的名字或者语意结构，更是一种资产。文案的创意在于多看、多写，看过的创意文案多了，自然就会产生一些灵感。

站在个人的角度，广告的力量也许很渺小，因为人们总是坚信自己对广告具有免疫力。但时间一长，广告的效果便会变得不可忽视。好的广告遵循最简单的原则，它能够解决混乱，把品牌价值陈述简化成框架，再浓缩成精华，不断剔除多余的内容，直到让品牌变成形容词，因而赋予了一个品牌清晰简单的概念，使人更易于记忆。

广告中的创意如同用有趣的内容填满白纸，其目的在于解决问题。解决问题需要找出产品的核心点，通过体验对手的产品发现其弱点，然后放大自己的优点，提出没有争议的广告诉求。

在创意过程中，不论产生的点子是好是坏，都应拿笔记下来，然后不断完善和进步，学会合作和独立思考，用自己的潜意识和情感结合科学的方法去创作。

当然，好的广告也需要有趣新颖的画面表现，追求创新但不是刻意地与众不同，要将文案与图案进行完美结合。

如何让创意成长起来而不是“英年早逝”是很重要的事。保护创意的最好方法就是坚定地向人们讲述自己的观点。世界上没有新颖的创意，有的只是重新排列组合，要能够在已有的创意基础之上找到突破口，进行再组合，形成新的创意。

主题决定文案的方向

在提笔开始撰写文案之前，文案创作者还有很多要做的事。从确定主题再到选择文案方向，文案创作者就像决定文案走向的舵手，制定路线后引领船员向终点行驶。

确定广告文案主题的原则

广告文案的主题是为了实现广告目标而通过全部广告文字内容所表达出来的核心思想。广告文案的主题应当表达广告商的想法，能够集中反映产品（或服务）理念的信息。同时，它应当贴近消费者需求，符合消费者心理特点。

很多广告商在撰写广告文案时大量运用赞美的词汇，夸大其词，颇有吹嘘的意味，一副“老王卖瓜自卖自夸”的架势，且不注重消费者的心理，这样的广告势必无法起到好的作用。

所以，撰写广告文案时，主题必须单纯，也就是文案表达出来的核心内容是围绕着商品的某一个独特之处的，是单纯、集中的而非复杂的。

一个产品可能有很多优点，但广告的文案信息不可能涵盖这个产品的所有方面，不然就会让消费者和受众群体找不到产品最大的优点，因为可能被其他遮盖，导致消费者群体记不住产品的优质性能。

一样产品不可能满足所有消费者的需求，不可能适用于所有人，这也说明广告的主题要充分针对目标受众群体而确定。比如男士护肤品与女士护肤品就有很大的区别，在撰写男士护肤品的广告时，就要强调它可以让肌肤清爽，而女士的护肤品就要强调它可以让肌肤白嫩有弹性。

另外，广告的主题必须通俗易懂、清晰明了，能让消费者快速抓住广告的重点，明白广告商的意图。

确定文案主题的方法有很多种，大部分文案创作者习惯从商品的特点、消费者需求及市场、商品的竞争对手等几个切入点来对文案的主题做一个基本的定位。

企业及广告代理商的目标，其实就是在商品差异性缩小的现状里，让一件商品在不同范围内被各类型消费者青睐。

想要达到这个目标，就必须满足两个基本条件：一个是产品与产品之间的区别，也就是差异化，这要求企业将商品设计得更好；另一个是广告宣传的独特，这就需要文案创作者做好策划。

汰渍洗衣粉的广告标语“有汰渍，没污渍”可以说人尽皆知。这样的广告能够深入人心，首先因为其主题明确单纯；其次抓住了消费者的需求，把握了消费者的消费心理；再次，它通过对产品的分析和与其同类的比较，放大了商品去污功能的这个特性；最后，准确地对商品进行定位，让消费者看到这个产品的特点，以此引发消费者的购买欲。

确定植入方式

文案最常见的创作方式就是软文，很多企业推广软文就是为了在软文中植入广告，这是商家的目的。植入广告的方法是软文写作的关键，是软文能否带来高销售额的关键。

软文中广告的植入需要几种技巧：产品信息流出要自然；产品描述要形象化；图片的植入。下面我们就根据这3种技巧展开讨论（图4–1）。

图4–1　植入广告的技巧

1.产品信息流出要自然

优秀的软文广告植入应该像咨询台一样，既能够告诉消费者产品的优点，又能够解答消费者的疑问。自然而然地向消费者推销产品，帮助消费者厘清思路，获取消费者的信任，让消费者主动接受产品，而不是强迫他们去接受。

2.产品描述要形象化

当文案创作者在运用专业词汇撰写软文时，消费者往往不能感同身受，因为他们对专业词汇没有概念。但如果用一些简单的语言来表达这些词语，让消费者有同感，让他们产生共鸣，就能更好地帮助他们理解产品的用处和优点。

3.图片的植入

图片的植入是比文案描写更加直接的推广技巧，因此，广告海报就成了一种非常好的形式。比如，农夫山泉运用冰川泉水的实景图片与产品合并在一起，凸显出其商品水源的珍贵和优质。

确定逻辑思路

商品有商品自己的概念，文案也同样有文案本身的逻辑在其中。逻辑在一篇文案中扮演着重要的角色，比如文中情节的衔接、转折，甚至让读者怎么厘清文章逻辑，都是在撰写文案之前就要决定的。

撰写文案和写作文一样，在动笔之前，文案创作者应该把每个段落讲述的大意列出来，仔细观察段落之间的衔接是不是通顺，或者思考应该怎么修改才能让文案看起来更舒服。

收集资料，找好佐证

收集资料是撰写文案前一个非常重要的环节，比如新闻、知识的讲解、生活常识等。在为撰写文案收集资料的时候，要注意信息的来源是否可靠，比如是否有信息的用途，是否将这个信息的正确意图传达出来；也要注意信息选择得是否得当，为这次撰写文案准备的资料是不是充足，是不是简单、明确、不拖沓。

消费者都希望从广告中得到正确的信息，如果信息是有误的，那么广告文案就会被当作谣言来看待，所以文案创作者在为撰写文案做准备时，一定要注意信息来源的渠道，最好采用文献等有明确信息来源的渠道。在筛选信息时，文案创作者也应该小心谨慎，如果资料太多，一定要耐心筛选，不要选用太多资料，以免在撰写文案时因资料过杂让文案的质量下降。

同时，在应用资料时不能对信息断章取义，曲解资料原本的含义。

把握文案主题的秘诀

大部分创意来自写作中的某个过程，比起这种灵感的闪现，在头脑风暴中想到的创意简直少之又少，这会让许多文案创作者觉得创意文案的诞生是偶然的。其实，创意文案的撰写也有一些技巧。

那么，文案怎样才能写得更有创意呢？以下3种方法可以让文案创作者把握文案主题，写出有创意的文案（图4–2）。

图4–2 写出创意文案的3种方法

讲大家喜欢的故事

大家都看过百岁山矿泉水的广告，它讲述的是1650年，在斯德哥尔摩的街头，52岁的笛卡尔邂逅了18岁的瑞典公主克里斯汀。

那时，落魄、一文不名的笛卡尔过着乞讨的生活，全部财产只有身上穿的破破烂烂的衣服和随身所带的几本数学书籍。生性清高的笛卡尔从不开口请求路人施舍，他只是默默地低头在纸上写写画画，潜心于他的数学世界。

某个午后，笛卡尔照例坐在街头研究数学问题，突然有人来到他身旁问他在做什么。笛卡尔扭过头，看到一张年轻秀丽的脸庞，她就是瑞典公主，国王最宠爱的女儿克里斯汀。她蹲下身，拿过笛卡尔的数学书和草稿纸，和他交谈起来。言谈中，笛卡尔发现这个小女孩思维敏捷，对数学有着浓厚的兴趣。

和女孩道别后，笛卡尔渐渐忘却了这件事，依旧每天坐在街头写写画画。几天后，他意外地接到通知，国王聘请他做公主的数学老师，满心疑惑的笛卡尔跟随前来通知的侍卫一起来到皇宫。在会客厅等候的时候，他看到了前几天在街头偶遇的女孩子，慌忙中，他赶紧低头行礼。

从此，他便当上了公主的数学老师。公主的数学成绩在笛卡尔的悉心指导下突飞猛进，他们之间也开始变得亲密起来。笛卡尔向她介绍了他研究的新领域——直角坐标系，通过它，代数和几何可以结合起来，也就是日后笛卡尔创立的解析几何的雏形。在笛卡尔的带领下，克里斯汀走进了奇妙的坐标世界，她对曲线着了迷。每天的形影不离使他们彼此产生了爱慕之心。

在瑞典这个浪漫的国度里，一段纯粹、美好的爱情悄然萌发。然而，没过多久，他们的恋情传到了国王的耳朵里，国王大怒，下令马上将笛卡尔处死。在克里斯汀的苦苦哀求下，国王将他放逐回国，公主则被软禁在宫中。

当时，欧洲大陆正在流行黑死病，身体孱弱的笛卡尔回到法国后不久，便染上重病。在生命进入倒计时的那段日子，他日夜思念公主，每天坚持给她写信，盼望着她的回音。然而，这些信都被国王拦截下来，公主一直没有收到他的任何消息。

在笛卡尔给克里斯汀寄出第十三封信后，他永远地离开了这个世界。此时，被软禁在宫中的公主依然徘徊在皇宫的走廊里，思念着远方的情人。这最后的一封信上没有写一句话，只有一个方程：$r = a(1 - \sin\theta)$。

国王看不懂，以为这个方程里隐藏着两人不可告人的秘密，便把全城的数学家召集到皇宫，但是没有人能解开这个方程。他不忍看着心爱的女儿每天闷闷不乐，便把这封信给了她。拿到信的克里斯汀欣喜若狂，她立即明白了恋人的意图，找来纸和笔，着手把方程图形画了出来，一颗心形图案出现在眼前，克里斯汀不禁流下感动的泪水，这条曲线就是著名的“心形线”。

这封享誉世界的另类情书，至今还保存在欧洲笛卡尔纪念馆里，纪念着这段唯美的爱情。

而广告里撤换的概念，就是把百岁山的水比喻成这封另类情书，意喻“经典、浪漫、难忘、瞩目”。

选择讲述这样的故事是有道理的，我们先来分析一下它。

故事的讲述是有技巧的，这则广告中的故事并不是凭空而来，而是根据笛卡尔和公主的相遇而来，广告的文案创作者在公主和笛卡尔的爱情故事中用水代替情书，把它比作浪漫的贵族。

不论是从包装设计还是定价，百岁山都非常适合小资人群去购买。这部分消费者在意水的来源与包装，百岁山就替他们考虑了这两个方面，于是这部分消费者会在口感相差不多的情况下选择百岁山，甚至表示一想到要买矿泉水，首选就是百岁山。

如果故事讲得好，就会给消费者一个想象的空间，模拟故事中的条件和气氛，让消费者产生购买产品的欲望。

文案的内容除告诉消费者这款矿泉水是为他们生产的以外，它的形式和气氛也可以控制消费者的购买力。

这部分消费者并不在意水的口感，也不在意企业是不是在用心做水、水源如何、质量是否过关、是不是良心企业等。这个广告文案表达出来的只有“水很贵”，但是看到这个故事，一定会有许多小资人士前来购买这款矿泉水，因为这则故事给了他们一个感受浪漫、真情气氛的出发点，于是创意就从这里显现出来了。

商品品牌是需要被宣传的。如果文案创作者选用讲故事的方法来宣传商品及其品牌，受众的接受度就会变高，那么品牌自然就会被接受。

故事是生活的一种调味品，同样也是学习的一种渠道。人们都爱听故事，因为可以从故事中获得很多知识。而且在看故事的过程中，读者喜欢把自己代入角色，如同看电影，于是人们就会更有兴趣读下去，阅读的欲望会比读其他类型的文字更强烈。因此，把故事融入广告文案中自然是一种不错的推广手段。

介绍历史文化

如果需要撰写的是比较有文化特色或和历史相关的产品，文案创作者可以将产品相关的历史文化代入文案之中。

比如，著名的英式茶品牌川宁的广告文案中就撰写了关于英式下午茶相关礼仪的小技巧和关于茶叶烘焙的小知识。

文案中讲解了茶叶的制作需要4个步骤：萎凋、揉捻、发酵、干燥。

萎凋是降低含水量的过程，失去水分的鲜叶收敛为茶叶；揉捻使叶片内的精华得以释放，叶片逐渐凝缩成为结实的茶骨；发酵氧化决定了茶的颜色、味道及浓度，茶叶沉淀出茶香；干燥是等到发酵到刚刚好的时候，烘干水分阻止过度发酵。

冲泡茶叶时，首先用沸水温暖壶身，这一步叫暖壶；茶叶量用“人数+1”的原则，用100℃的水泡3~4分钟；最后在搭配添加顺序时，按顺序添加牛奶/柠檬—糖—茶，最后倒入茶才是正统的手法。

对于茶类品牌来讲，最好的撰写文案的方法就是介绍品牌历史和产业文化，尤其像“川宁”这类的企业，文案创作者在撰写文案时，挖掘其品牌文化并发扬其产业文化非常重要，它可以让产品的文案吸引更多受众的注意。

借助权威力量

在文案的宣传中，一旦产品被某种权威力量赋予了暗示，这样的产品马上就会因为这种权威而变得耀眼。假如文案创作者在撰写文案时运用了这种权威力量，那么消费者就会相信其中的信息，并且认为产品是有保证的。

例如去年火爆全球的水素水就是典型的借助权威力量的案例。水素水是直接使用了日语原名，因日语中“水素”的意思是

“氢”，所以，也有人称之为“氢水”，国内又叫富氢水。对于富氢水的研究热潮始于2007年《自然医学》的一篇氢气生物学论文，常识告诉我们氢气是不溶于水的，在中学关于制备氢气的化学实验中，我们就采用排水法收集氢气，其主要原因是考虑到氢气不溶于水。

实际上，氢气并不是不能溶解于水，只是溶解度确实比较低。如果按照摩尔浓度计算，在20℃时水溶解101.25kPa纯氢气的浓度为0.92mmol/L。如何提升并保持饱和氢气水的浓度及稳定性，才是氢气医学应用上的科研难题。国内纳米气液混合技术的发明攻克了氢气难溶于水的科学难题，采用物理方法让水均匀包裹氢分子，促使氢气和水达成稳定的结合，以此达到水中氢气浓度高、稳定性能好等特点。

在各大媒体网站公布官方医学报刊认定的“水素水对人的身体更好”这一论点之后，售卖水素水机器的品牌商便将科学认证的文献撰入文案当中，让一部分喜爱养生的消费者对其产生了浓厚的兴趣。

从上述水素水的案例能够看出，文案创作者可以把消费者的诉求放大，通过权威的认证体现商品的安全性，并宣传商品的各种全新的理念与新兴的技术，围绕新颖这个主题让消费者对商品的印象变得深刻。

广告语——文案主题的精髓

在食品企业的品牌和产品广告宣传的案例中，一句好的广告语能够实现3倍以上的销量。由此可见，好的广告语非常重要，因此，企业的产品广告语在设计时也要讲一定的方法。

广告语的设计

设计广告语可以说是文案创作中十分关键的环节。一句好的广告语不仅要朗朗上口、便于消费者记忆，而且应当富有创意，能够体现产品的特色。广告语的设计要做到以下几点：

1.演绎品牌定位

好的广告语要能够演绎品牌定位，也就是说，产品的品牌定位是提炼好的广告语的基础和前提条件。

一个企业只有给产品进行精准的品牌定位后，才能够推导和提炼出好的广告语，因为只有能够演绎产品品牌定位的广告语才会是精准、有效的。

这里还是举大家比较熟悉容易理解的案例。王老吉的品牌定位是“去火”，由这样的产品品牌定位，推导和提炼出了好的广告语“怕上火，喝王老吉”。

2.区隔竞争对手

好的广告语要能够区隔竞争对手。提炼好的广告语的另一个前提条件是通过市场细分，找出自己产品的目标市场。只有确定了目标市场才能提炼出能够区隔竞争对手的广告语。比如河北华龙集团出品的今麦郎弹面，通过市场细分，决定进入弹面这个细分市场，以此来区隔康师傅、统一这两个强劲的竞争对手。由此，今麦郎弹面提炼出了“就你弹”的广告语，不仅突出了自身产品的优势，也有效地区隔了竞争对手，很快赢得了市场的成功。

3.触动目标受众

好的广告语要能够触动目标受众。在明确了产品的品牌定位和目标市场后，下一步就是要界定产品的目标消费者主要是哪个消费群体，即：确认谁会是产品的核心消费群体；产品主要与谁进行沟通；广告语要触动哪些目标受众。比如五谷道场方便面，它的目标受众就是不愿吃油炸方便面的人群，由此五谷道场提炼出了“非油炸，更健康”的广告语，在竞争激烈的方便面市场中可谓是横空出世。

4.生动核心卖点

好的广告语要能够使产品的核心卖点生动化。每个产品都会有自己的核心卖点，其他系列卖点是核心卖点的支持。好的广告语正是产品核心卖点的生动化表现。

比如统一果汁饮料产品就有很多的产品利益点，但果汁饮料的核心卖点就是含有丰富的维生素C。在这个核心卖点的基础上，统一果汁饮料提炼出了“多C多漂亮”的产品广告语，很好地生动化了果汁饮料含有丰富的维生素C这个核心卖点。

广告语的目的

广告语的目的必然离不开拉动产品销量和拔高品牌声誉这两方面。

1.拉动产品销售

好的广告语能够拉动产品销售。一句经典的广告语本身就能拉动产品的销售，特别典型的案例就是农夫山泉瓶装水。

当年就是凭借“农夫山泉有点甜”这句经典的广告语，农夫山泉几乎在一夜之间成为天然瓶装水市场的第一品牌。同样是凭借这句卓越的广告语，农夫山泉在多年来在没有大的广告投入的前提下依然稳坐中国瓶装水市场前三名的位置。

2.拔高品牌声誉

好的广告语能够持久拔高品牌声誉。好的广告语不仅能拉动产品销售，还能持久拔高品牌。比如卷烟中的高端品牌红塔山，为维护其高端的品牌形象，改变品牌老化的现状，提炼出“山高人为峰”的品牌传播语，既进一步彰显出领导者的霸气，又起到了持久拔高红塔山品牌的功效。

第5章

拟出直击人心的理想标题

俗话说“题好一半文”，由此可见，文案的标题对文案的作用和影响是很大的。在文案撰写之前，首先需要清楚文章的主题内容，并以此为整篇文案拟定一个标题，使得文案标题和文章的内容紧密联系起来。

什么样的标题才是人们认为的理想标题

很多人不禁要问："到底怎样的标题才算得上是好标题呢？"其实，无论发布在什么样的载体上，只要是被阅读者认可、能够被大家看得懂并且产生共鸣的标题就是好标题。不过，好标题也是有迹可循的。

标题的作用

文案的最终目的是形成购买，甚至成为流行文案。因此在撰写文案标题时，一定要让阅读者一眼就看得懂。这需要文案创作者拥有"用精练的语言概括文案主旨"的能力，并且能够做到让大家从标题就能够清晰地了解正文想要表达的内容。

这一点上，新闻标题和文案标题有着许多相似之处。随便打开一个网站的首页都不难发现，几乎所有新闻标题都能让用户清晰地了解文章的整体内容。

可以说，标题之于文案就如脸面之于人。

举一个简单的例子，两人初次见面相亲，谁也不希望对面坐着一个外表邋遢的人，无论他/她有多高的社会名望和地位，如果外表邋遢，那么第一印象就会大打折扣。所以人们在出门前总要把自己收拾得非常体面。同理，为什么不花多点儿时间，给文案也穿上精美靓丽的外衣呢?

在移动互联网时代，我们每天都要接触大量的信息。微信、微博和各大门户网站就已经让我们应接不暇了，各种各样的文案也充斥着屏幕，我们在指尖滑动的间隙就要决定是否要读这篇文章。所以，无论文章观点多么独特，思想多么深刻，如果没有好的标题来吸引我们，这篇文章很可能就会石沉大海。

大卫·奥格威告诉我们：阅读标题的人数是阅读正文人数的5倍。这个数字在当代很有可能翻1倍，甚至是2倍、3倍……

很多人会有这样的疑惑：为什么我的文章内容明明不比其他文章差，文笔甚至还更加优美，其他文章的阅读量就是10多万，而我的文章阅读量就只有区区几百呢？这很可能就是因为标题的差异。

我们可以把文章看作产品，标题就是产品的广告。如果我们想要这个广告取得成功，首先需要明确自己的产品优势，还需要去研究读者群体的特点，研究他们的心理，了解一些吸引读者的技巧。那么，标题有什么作用呢（图5–1）？

图5–1　标题的作用

1.吸引读者

毫无疑问，读者对一篇文章的标题有没有兴趣决定了他是否会阅读这篇文章，这也是文章标题最基本的作用。一般来说，能够有效吸引读者的标题无外乎三大类：与自己有关，对自己有利，大众都在关心。

为了能够吸引读者，最简单的写作方法是，当标题写好后让自己站在读者的角度去思考：如果我看到这篇文章会不会有点击阅读的欲望。如果当局者迷，可以发给周边的朋友，让他们读一下，听听他们的意见。

2.快速定位

解决了文案标题吸引力的问题后，接下来就要对读者的群体进行定位。就像对产品的消费群体定位一样，无论多么优秀的产品都不一定能适合所有的消费者使用，同样，文章再好也不一定适合所有的读者群体阅读。

对于文案阅读群体的定位应当越细越好，这样才能更好地了解他们的阅读习惯，并且掌握对读者更具吸引力的信息。比如《餐后做这5件事，可以让你多活10年》这样的标题显然对中年女性读者有很强的吸引力；对于“90后”，一般在标题里加一些诸如“萌”“蓝瘦香菇”这类的网络用语会更对他们的胃口。另外还有职业或者行业的定位，如《HR必知的21个网站》《吉他自学只需这7步》，这些标题都在标题里明确了目标读者的范围。

3.引导阅读

约瑟夫·休格曼在《文案训练手册》中说：“一个广告的所有元素首先都是为了一个目的而存在：使读者阅读这篇文案的第一

句话。”

如果一则标题没有成功地引导读者去阅读文案中的第一句话，那就是一个失败的标题。广告是为了让受众了解你的产品，而标题就是为了让读者阅读你的文案。将最吸引人的部分放在标题里，像一只不安分的猫一样去挠读者的心，引发他们的好奇心。

标题需要洞察读者的四大心理特点

一个文案标题要想起到推广产品的作用，应做到了解读者的心理。通过对市面上流行的热门文案进行分析，基本可以总结出好的标题都洞察了读者的四大心理特点：

1.抓住读者的利己心理

德鲁·埃里克·惠特曼在《吸金广告》中说：“文案应当把产品最大的好处放在标题里，因为每一个读者都有利己心理。”

读者无论在了解一个产品时，还是在阅读一篇文章时，都会下意识地思考：“这对我有什么帮助？”如果扫了一眼标题，就感觉文章内容和自己没什么关系，读者就会继续去浏览其他的文章。所以，文案创作者首先应该用标题告诉读者：读了这篇文章以后他们能得到什么样的好处。

如《月薪3000与月薪30000有什么区别》，读者在阅读文案标题的时候一定会想，到底月薪30000元是如何做到的，我该向他学习什么？又如《如何避免在建造房屋时犯下的错误》，读者在阅读标题的时候一定在想究竟有哪些错误需要自己去注意，否则就会遭受损失。

2.把握读者的从众心理

回想一下，当你第一次听到某个网络新名词时，是不是会第一时间去百度查询其含义？在这个信息爆炸的时代，我们总是担心自己跟不上时代的节奏，所以会追求大众热门的话题，这其实就是一种从众心理。人人都害怕自己被时代抛弃，害怕当大家都在谈论某件事时自己会因为不知道这件事而显得尴尬，因此，网上经常会出现诸如“再不学×××，你就out啦！”的标题，而且它们总是可以吸引读者。

追求新闻和热点事件同样是从众心理的表现，如果不了解事件发生的背景，很多时候我们都会觉得云里雾里，不知道大家在说什么。很多人跟踪热点的理由很简单：因为周围的人都在追。所以不难看出，从众心理是追热点的文章阅读量大的关键原因。

3.指明成功的捷径

我们每个人都想少走弯路，多走一些捷径，总是希望可以借助别人的成功经验也让自己走向成功，虽然大部分人都不能成功，但并不妨碍这类文章受欢迎。

当我们面对诸如《我是如何通过这种方法赚到100万的》《成功没必要走那么多弯路》等文章时，总是没有免疫力。

因此，在写文案标题的时候也可以巧妙利用读者的这种追求成功捷径的心理。但应注意不要成为“标题党”，而要充实文章的内容。

4.抓住读者的好奇心理

人人都有好奇心，用新颖的标题抓住读者的好奇心理是让读者点开文章的不二法门。很多新闻和揭秘类的栏目利用的都是人们的好奇心。除了在标题中带有“真相”“揭秘”“背后”等词语时，我们还可以利用这两种方法来激发读者的好奇心。

（1）揭秘那些原本被大众所熟知的人物和事件背后的秘密。例如某金融财经公众号发布一篇文章，名为《揭秘华尔街的潜规则》。

（2）标题内容与普通认知不符。例如某互联网平台发布文章《杭州偶遇王思聪在开公交车》，这显然与大众对于王思聪的认知是不符的，这时候读者的好奇心就被勾起来了，自然愿意打开文章一探究竟。

标题的写作步骤

文案的标题既然能够起到吸引读者点击、阅读的作用，那么写标题又需要经过哪些基本步骤呢?

1.框架结构，关键词总结

标题是全文中心思想的总体概括。通常，在构思一篇文章的时候，我们要先想好文章的骨架，然后把关键词罗列出来。

但是在文案标题的创作过程中，切忌出现题目过大、文章内容衬不起标题的情况。比如某篇公众号文章名为《如何赚够人生的第一个1000万》，标题看似十分吸引人，但仔细读文章后却发现，完全没有写出可以实现这一标题目标的具体做法，这就是大家经常说的“标题党”。

同样，一些文章内容虽然很有深度，但是标题却不起眼，读者完全不会点击阅读，这也是非常可惜的。

因此，在拟定文案标题时，首先要把文案的关键词和要表达的意思罗列出来，接着按照下面的步骤进行优化。

2.确定受众

无论广告文案还是文章，都必须考虑受众阅读时的习惯、感受和心理等因素，站在受众的角度去考虑问题。

不仅对于受众的定位越具体越好，而且要设身处地进入受众的角色当中，考虑他们在意什么、希望得到什么，并且找准用怎样的语气和他们说话最容易拉近距离、最容易赢得他们的信任等。

比如某一篇文章的受众主要是中年人，那么可以用家庭、亲子方面的话题轻松吸引他们的目光；如果文章的受众主要是老年人，则要用如何让自己身体健康、无病无灾的话题吸引其注意力；如果文章面向的多是“90后”少女，那么文艺口吻就更对其胃口；如果文章的受众是叛逆青年，那么需要用个性化的语言模仿其口吻。

当然，面对各个行业不同专业的人，也需要按照对方的习惯和语言来沟通。比如面对程序员和律师，那么在标题里应使用逻辑更完善的语言；如果面对设计师，可能就需要使用一些专业术语或者表达更加细腻的语言。

3.类型组合更有威力

确定了文案的关键词和受众之后，就需要选择一些上文提到过的标题类型来吸引受众。大多数吸引力强的标题并不只属于一类，而是多种类型合成的结果。

例如《如何穿才能显胸大大大大大大？》这个标题，其中既包含了疑问，又能够体现对受众的有力性，同时也是符合青年人个性的新颖表达方式。这样的文章标题显然就更有吸引力。

又如“鲜为人知的交易秘密武器，让您获利5倍以上”这个标题，首先，标题中的“5倍”让“获利”更加具体，“鲜为人知”一词充分调动了读者的好奇心，同时也让读者感受到文章与切身利益相关联，试想，谁会拒绝让自己获利这样的事呢？

4.最后的修改

任何好的标题都是经过仔细考量、反复修改的。完成了前面3个步骤之后，就需要对文案的标题进行修改，推敲用词是否恰当，是否有多余的字需要删减。

比如“我喜欢买房认真的人”这一标题，从逻辑上看没有任何问题，毕竟买房是大事，认真一点是理所应当的。但如果将标题改成“我喜欢买房挑剔的人”效果就好多了，将“认真”改为“挑剔”，就会让读者觉得这与正常认知是有冲突的，虽然内容表现的同样是认真的意思，但修改之后的标题会有更大的吸引力。

标题的写作类型

在拟定文案标题之前，首先需要总结3个问题：受众是谁、商品的重要特色是什么、为什么客户要买这件商品。把这3个元素写在纸上，然后结合该产品过往的广告，分析它们有哪些销售卖点，并且选择其中一两个最为重要的，用这些卖点写出最能突出这项信息的标题，并且结合以下标题的类型进行构思。

文案标题写作包含4种基本类型（图5–2）。

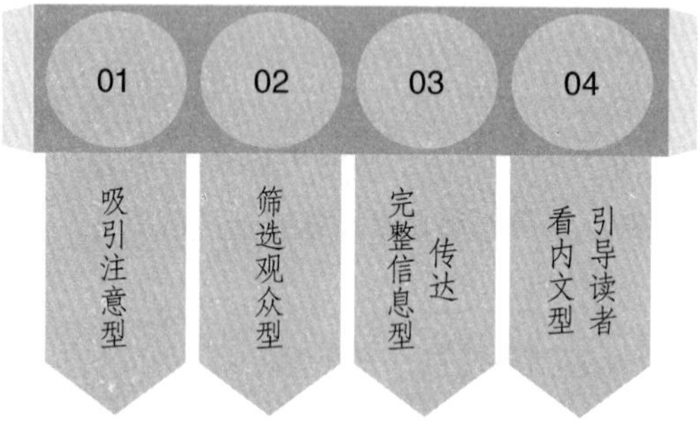

图5-2　文案标题写作的基本类型

1.吸引注意型

吸引注意型的标题通常包括以下4种模式。

（1）给读者好处。例如牙膏广告，可写为“帮助孩子击败蛀牙”，从标题中体现牙膏的益处。

（2）为读者提供新信息。标题出现的字眼可有“发现”“引进”“宣布”“问世”“最新推出”等。例如某狗粮广告“来来牌狗粮全新四种美味选择，瞩目登场！”利用了“全新”“登场”等词语，为读者带来了新信息，促进了读者阅读。

（3）将“免费”放进标题。例如某小说的广告标题为“免费爱情”，意为：购买这系列书籍，即可免费享受梦想中的爱情。

（4）提供有用的信息。标题中出现“如何”“为什么”“快速”“简单”“划算”“最后机会”“保证”“快速省钱”等字眼，能够让读者快速了解自己能从文章中获得什么。

2.筛选观众型

筛选观众型标题会将文章的目标受众直接体现出来。例如某电力公司广告，广告文案为“你的电费太高了吗”，就是直接面对用电的消费者说的。

3.传达完整信息型

这类型的标题需要包括品牌名和该产品最大的卖点。例如高露洁牙膏的广告：“早期发现，高露洁就能挽救蛀牙！”

4.引导读者看内文型

引导读者看内文型的标题其实本质就是要引起读者的好奇心。例如化妆品广告“只要花5美金就能享受美容手术的效果”，就引起读者的好奇心，能取代这么昂贵的美容手术是什么呢，内文即解释为该品牌的乳液，售价5美金。

又例如某混合机的广告，标题为“千万分之一的比例，我们没问题”，内文即解释该混合机能混合浓度相差千万倍的液体。

如果看完技巧，还想不出标题，这里有一个十分好的方法，即列清单法。写下一连串和产品有关的关键词汇，将这些词汇随机组合起来，加入关键元素，拟定相应的标题。

标题的几类套路

既然标题的目的就是一把抓住读者的心理和眼球，让人不得不看，那么，怎么才能瞬间抓住读者的好奇心呢?

首先，我们要用想传递的信息吸引人们的注意力，而吸引人们注意力最好的方法就是打破常规、不按常理出牌，打破读者的常识，或者揭露读者期望得到却没有得到的信息。在长期的文案创作中形成了以下几类基本的套路，参照相应的套路，能够更加快速地拟出精彩的标题。

1.宣誓式标题

这是最常见也最常用的一种标题，目的是将广告正文的要点如实或简要地体现出来，让人感觉一目了然，思路清晰。这也是现如今文案创作者运用最多的标题形式。

2.新闻式标题

新闻具有权威性，一般新闻式标题有单行、双行的多种形式，新闻式标题需清楚描述事件发生的人物、时间、地点等几个基本要素。

新闻式标题能够直截了当地告诉读者最近发生的某些事情，也可以用于介绍新上市的产品或生产企业的措施，目的在于引起大众的关心而转读正文，其本质上依然是宣誓式标题的其中一种。

新闻式标题的特点是一针见血，具有权威性。以此标题编辑出来的文章可以放在网站的“企业新闻”或者“行业新闻”等类似的栏目中，会显得很有权威性。

3.诉求式标题

所谓诉求，就是用劝勉、叮咛、希望等语气写标题，目的在于催促读者采取相应的行动。诉求式标题兼具多种优点。首先，诉求式标题主动劝说或强暗示读者去做或者去思考某些事情；其次，诉求式标题一般会直接言明所推荐产品的某种用途或使用方法；最后，诉求式标题通常带有利益性的优点。

这类标题都直接或间接地将产品的益处传递给读者，晓之以理，动之以情，让读者更加愿意阅读正文。

例如，香吉士柠檬广告标题：加点新鲜香吉士柠檬，让冰茶闪耀阳光的风味；某品牌果汁广告标题：果汁要喝热的；劲酒品牌的广告标题：劲酒虽好，可不要贪杯哦。

诉求式标题很容易让读者产生共鸣，但是要注意的是，在写作这类标题时要绝对谨慎，不然就会引起读者的反感。

4.赞赏式标题

这类标题用正面方法，积极地称赞广告商品的优点。这类广告标题容易让人产生良好的印象。赞赏式标题庄重严肃，不需要强调，也不需要加入太多感情色彩，一目了然地点明广告信息内容。这类标题内容必须以事实为根据，切忌夸大，否则容易令人反感。

5.号召式标题

号召式标题使用带有鼓动性的词语做标题，号召人们从速做出购买决定。这类标题大部分用于鼓吹时尚流行的或及时性的广告，暗示受众群体。同时，号召式标题便于记忆，能够轻而易举地让消费者接受广告的宣传，从而购买产品。在文案的措辞上，号召式标题应不动声色，做到自然、委婉，以免违背大多数人都不愿意被他人支配的这种心理特点。

以王老吉来举例，该集团在汶川地震期间赈灾捐款1亿元后，各大网站不断流行着这样一个帖子：王老吉，你够狠！捐1个亿，胆敢是王石的200倍！为了整治这个嚣张的企业，买光超市的王老吉！上一罐买一个！不买的就不要顶这个帖子啦！

这个帖子被各大论坛转载，这种号召式的标题让王老吉这个品牌迅速传播。从当年的百度搜索统计上就能看出，“王老吉”的搜索栏在该帖子出现的第二天后持续上升，成了那一时段的热门话题。

6.悬念式标题

“歌手的天价话筒，周杰伦的话筒价值竟然……”这样有吸引力的话题和语言，又运用省略号引发读者一连串的思考，这样的标题就像读小说，正读到情节的高潮部分，突然停顿，出现了“点击原文查看”，在不需要付出代价的情况下，读者都会毫不犹豫地点开原文浏览。

某眼镜广告的标题“拯救你的灵魂”，乍一看让人感觉莫名其妙，正文便说出其依据——人尽皆知的名言：眼睛是心灵的窗户。文案创作者在这里省去了“中介”，这就产生了一种特殊的效果。

撰写这样的标题，最好的办法是把事情描述得反常、不符合逻辑，将结果用省略号代替或者干脆戛然而止，给人一种欲言又止、吊人胃口的感觉，让读者在看完这个标题之后就留下了一个谜团。

利用人的心理作用撰写标题，可以说是增加打开文案正文概率的常见方法。

7.提问式标题

这类标题能够通过提出问题来引起读者的注意，让读者产生兴趣，启发读者的思考，进而增加对产品的印象。比如“整顿之后，互联网电视盒子怎么样了？”或者“麦当劳纪念币遭全民疯抢，一套最高能卖1000元？”

提问式标题站在读者的位置上提出了“为什么”的疑问，促使读者在购买时多加思考，从而加深对文案的印象。

8.对比式标题

对比式标题在文案标题中十分常见，例如“国内‘两大浏览器’：搜狗还是UC？”“诺基亚的今天会是小米的明天？”等。这类标题通过与同类商品的对比，突出了产品的某个独特之处，让读者对产品的认识更加深刻。

香奈儿广告语“Dress shabbily and they remember the dress; dress impeccably and they remember the woman.”（穿着破旧，则人们记住衣服；穿着完美，则人们记住衣服里的女人。）虽然不是文案标题，但是一样给我们带来了很大的启发。类似于“条纹衬衣只适合……而不适合……”这类标题也属于对比式标题，既运用了对比，又有悬念，非常符合现代人的阅读口味。

9.夸大风险式标题

在柴静推出她自费拍摄的关于雾霾的深度调查纪录片《穹顶之下》后，人们开始为自己的健康感到担忧。这部纪录片一经播出就成为热点，各大软文写手纷纷撰稿。

其中某篇文案的标题除了利用柴静丰富的人生经历，还利用她主动辞掉主持人一职的热点，将文案标题定位在“各种柴静、×顶之下、斥资100万”，这个标题既说了柴静的个人经历，又讲了纪录片所要传递的信息，同时还说了纪录片的费用。但囊括的要点太多，反而让人觉得杂乱无章，有过分夸大风险借机营销的嫌疑，因此，浏览量并不高。

而点击率超过百万的文案标题为“柴静：为出生就患肿瘤的女儿，我必须告诉大家雾霾的恐怖”，直接说明了柴静拍摄纪录片的意图，并且利用柴静女儿患肿瘤一事，引出雾霾对环境和人类健康的严重危机，给读者敲响警钟，直接激起读者的阅读欲望。

10.数字式标题

数字式标题能够给读者一个很强的视觉冲击，带来震撼，同时能够更加清晰地表明内容，让读者认为文章是有数据依据的，内容真实，非常可靠。例如“32℃！北极圈附近应该什么样！”“200辆爱心大巴送万人回家”这些标题中都有数字。

举一个简单的例子，“迅速减重的好方法”和“10天内减脂8斤”两个标题相比，后者明显更容易让读者有兴趣，读者也愿意点开阅读全文。根据调查显示，看到数字式标题会点击查看全文的人占36%，由此可见数字在标题中的重要地位。

更有趣的是，数字“10”是所有文案标题之中使用频率最高的，它也是最能引起读者分享欲望的一个数字。

这些信息可以让文案创作者瞬间抓住读者的注意力，引起读者心理的变化，用最快的速度让读者记住信息的重点。

11.加入关键词

推广的文章就是给搜索者和用户看的，所以在软文标题设计时要充分考虑这个问题，其重点在于融入关键词。

在标题中融入关键词、融入长尾关键词才是确保用户能够搜索到的唯一方法。添加了关键词，搜索引擎才能更好地判断文章的主旨及相关性，用户才能通过标题更精确地找到自己所需要的内容。

文案标题撰写误区

在文案创作中，所拟定的标题要起到点明主题、抓人眼球的作用。可是也有一些文案创作者因为没有掌握标题撰写技巧，所以导致标题丧失其基本作用，陷入标题撰写误区。常见的标题撰写误区有3个：滥用最高级词汇，使用不恰当的比喻，强迫他人接受意见（图5-3）。

图5-3 文案标题撰写的3个误区

滥用最高级词汇

无论文案正文的主题内容是什么，其标题的撰写都要符合实际情况。虽然夸张是一种艺术表现形式，但这种艺术应该是以实际能力与质量作为基础的升华，而非炫耀。

目前有些文案标题虚假自夸，冒充“第一”，殊不知，这样并不能获得受众的欢心。

事实上，市场才是最有效的评判者，商家单方面的自吹自擂难免沾上“老王卖瓜，自卖自夸”的嫌疑。

使用不恰当的比喻

在撰写文案标题时，最常用的手法就是比喻，通过生动形象的表达可以增强文案的吸引力。不过，这种手法也有很大的弊端，如果比喻不恰当，则很容易产生负面印象。

强迫他人接受意见

强迫他人接受意见的标题往往给人一种被剥夺了权利和自由的感觉，自己的意见被企业强行忽略，似乎只有企业的建议是唯一的选择。

强加于人的标题配上软文中强势的肯定和大肆鼓吹，往往会适得其反，引起受众的抵触心理，使得软文宣传的效果完全与本意背道而驰。

以“明星潮人都这样穿，你也应该有”为题的一篇服装搭配的软文在某服装店微信公众号上发布，这篇文案的本意是介绍新款服饰，吸引受众的注意，进而推销自己的商品，但是这样的标题会让人产生逆反心理，觉得“我不买又不会怎样”。

创新型标题的撰写

标题的好坏往往决定着这篇软文是否引人入胜，是不是能够被人们记住，是否能够广泛流传。

文案的标题有很多类型，在这些类型当中有一些是非常新颖的，给文章增添了光彩，比如流行语式标题、如何式标题、数字式标题等。

流行语式标题

流行语式标题就是运用网络上流传的热门语言为标题，如“安排上了”“pick”“锁了”等，来吸引读者的注意力。

利用这种网络化的流行语，可以让软文更贴近生活，让受众有一种亲近感，进而留下深刻的印象。

直接式标题

直接式标题直接点明文章的中心内容，一点都不遮盖，看了标题就想到整个文章的内容。比如“速推网网站推出手机短信群发相关服务业务”，这个标题就很明确地让读者知道速推网现在推出了短信群发业务，其正文内容与目的在标题上一目了然，有需求的读者自然会点击文章。

间接式标题

间接式标题就要绕一个小圈子，在创作标题中并不说清楚文章到底要讲什么，而是说一些貌似不相干的话，可以调起读者的兴趣，比如“别中商家的奸计”。

数字式标题

数字式标题非常常见，这种标题也很容易吸引大家的注意，同时能够制造权威感。比如“17条网店生意不好的原因！”“500年Google打造一个LOGO！”等都是数字式标题。

如何式标题

一般建议软文使用这类标题，这类文章知识性比较强，往往读者都喜欢看，因为通过阅读能学到一点小知识，不管里面的文章是好还是烂。比如“如何写好软文标题的几种方式！”“如何让原创文章被搜索引擎更快收录”，等等。

命令式标题

命令式标题读起来非常有力，有时能起到意想不到的效果，尤其是否定式的标题，比如“站长友情链接不能违背的10个理由”“新网站一定要遵守搜索引擎收录规则”等。

第6章

文案中的软文营销，用内容打动读者

软文以不经意的文字，从情感上打动读者，吸引读者关注，让读者产生共鸣，自愿成为品牌的忠实粉丝。软文的营销力很“硬”，它悄无声息地把品牌植入读者心里。比如杜蕾斯年轻自由化品牌形象的树立，其软文营销可以说发挥了重要作用。

新闻类软文

新闻类软文是软文发展初期常用的手法，也是一种最基本的软文形式。此类软文的形态主要以新闻报道为主，媒体公关稿、新闻通稿或新闻公关稿即属于此范畴。当企业有重大事件、相关活动、新产品发布等动态时，都会通过新闻的形式进行预热或曝光。

此类软文的写作手法可以归纳为以下3类。

新闻通稿

新闻通稿是公关与营销界最常见的软文类型，它原本是新闻媒体的术语，指媒体在采访到一些重要新闻后，以统一的文章方式发给全国需要稿件的媒体。其中分为消息稿与通讯稿。

简单地说，消息稿就是先对整件事进行简要而完整的说明，要包括整个事件；通讯稿则是对消息内容的补充，可以是背景介绍，也可以是事件中的一些花絮、具体的人或故事等。

新闻通稿涉及的技巧相对来说较少，基本上只要文字流畅、语言准确、层次清晰、逻辑性强，表达完整即可。

范例：

×××网北京10月12日电（记者××）：第八届中国国际网络文化博览会将于10月21日至24日在北京展览馆举行。文化部文化市场司副司长庹祖海在12日的新闻发布会上表示，网博会为促进我国网络文化健康的发展起了重要的推动作用。他还透露，本次的网博会上将会详细阐释8月份开始正式实施的《网络游戏暂行管理办法》相关内容。

作为承办单位，中国动漫集团党委副书记孙盛军详细介绍了本次展会场参观。特装展位共计40多个，最大面积展位均被众多产业知名大企业，如盛大、九城、巨人等竞得。同期的主题活动及论坛会议也各有千秋，包括中国网络文化高峰论坛、中国网络游戏行业峰会、中国网络音乐峰会、中国网游海外高峰论坛。

此外，本届网博会的国际性明显，将会有来自俄罗斯、新加坡、菲律宾等国家的厂商参加。同时，动漫舞台剧作为一个全新的表现形式，使众多优秀的动漫作品通过舞台表演得以全新地展示，评选出最终的中国网络COSPLAY之星。

媒体访谈

与新闻通稿这种公式化语言及新闻报道的说教式、单向灌输式内容相比，媒体访谈这种形式更容易让受众接受。媒体访谈由一般新闻的单向灌输向渗透式、感召式、互动式转变。企业与媒体通过访谈聊天的形式表达出来的内容和理念更具亲和力、吸引力和感染力，能够做到以理服人、以情动人。

举一个简单的例子：凡客诚品是知名互联网时尚品牌之一。在网络上出现一篇关于凡客诚品CEO陈年的访谈后，读者就能够很明确地看出陈年的创业精神以及凡客的基本理念。这篇访谈打动了读者，使得读者愿意购买凡客诚品的商品。

不少商品广告因为铺天盖地而引起读者的反感，而凡客诚品的一篇人物访谈却获得了无数读者的认可，其原因就是访谈有血有肉，能够让读者近距离感受到这个企业和企业中的人物，而不是只看到冷冰冰的新闻稿或数字信息。

新闻报道

若要达到进一步推广的效果，就需要用更为复杂的新闻工具——新闻报道。

新闻报道类软文都以媒体的口吻、新闻的手法对某件事情进行报告，甚至直接聘请真正的记者操刀。文章完成后会与正常的新闻报道一样，发布到相关媒体的新闻栏目。由于其夹杂在正常新闻中间，且完全用新闻体组织正文结构，让读者“防不胜防”。

以“洗之朗”的新闻报道软文为例：

曾有一篇名为“如何改变人们的便后清洁方式？”的新闻报道传遍网络，其中提到的“洗之朗”产品也逐渐兴起。

据悉，“洗之朗”学名智能化便后清洗器，是一种安装在马桶上用于便后用温水清洗的家用电器。洗之朗最早源于日本，目前在日本家庭的普及率已高达90%以上，它代替了传统的纸擦方式，更卫生、更科学。

某商场导购向记者说：洗之朗上市之初，一些经常出国的人一看就知道它是什么，而且购买时也毫不犹豫，因为他们在国外时就普遍使用洗之朗，对它的使用效果有切身体会。导购还告诉记者："目前购买洗之朗的人，不仅仅是前卫的时尚人士，普通市民也越来越多，大家已经认识到了洗之朗对生活的重要性。"

某建材、洁具销售商也对记者说："销售洗之朗，我并没有要求一开始就能卖多少台。我做代理销售十几年了，对一个产品的市场前景非常重视，洗之朗虽然是个新产品，但将来肯定会是家喻户晓的、家庭必备的电器。目前在西安已经家喻户晓，3~5年内肯定会迅速普及，成为城市家庭的必需品。"

记者在家居超市采访的短短几十分钟内，洗之朗竟然卖出了5台。消费者为什么对这个刚上市的新产品如此青睐？首先，由于人们的生活条件普遍提高，价格已将不再是限制消费者购买的因素。其次，由于科技水平的不断发展，产品的质量以及舒适度逐渐提高。消费者发现了其产品的优势，自然愿意购买。

洗之朗生产厂家的营销副总肖军告诉记者："我们很重视市场需求，虽然目前我们的工作重点是生产研发，但是我们对洗之朗的市场前景非常看好。我们将凭借科学有效的营销手段、精工的日本技术、优势的价格推广市场，我们的定位就是以高品质产品设计满足广大消费者的潜在需求。"

截至记者发稿前了解到，洗之朗安装预约已经排满3个工作日，热销局面还在不断升温。

故事类软文

好的广告要做到读者明知是广告，却还是愿意观看、转发。比如化妆品牌黛珂的广告，就是通过讲故事的形式，表达了对女性的某一种观点，进而贴合品牌本身的理念，得到了病毒式的疯转。而我们知道的不少大品牌，都是用一个个故事为品牌树立形象的。

但是讲故事也有讲故事的章法，好的情节构架和情感润色才能很好地抓住读者的心理。故事类软文应具备哪些特点才能使读者喜欢呢（图6–1）？

图6–1　故事类软文应具备的特点

1.新奇性

艺术源于生活，故事同样也源于生活，而且要高于生活。所以故事类软文要脱胎于生活，还要包含一些对生活的洞察点，才能够很好地激发读者的兴趣。

2.画面感

故事类软文通常需要为读者描绘出十分强烈的画面感，以获得与读者之间的共鸣。比如，支付宝为了进一步扩展其线下支付市场，采用的一系列文案，都是提炼自生活中的细节，传达给读者时充满了消费场景时的画面，就如同在读者的脑子里放映一个短电影，让文字增加了一层视觉记忆，进而让宣传更加深入人心。

3.人格化

故事类软文是建立品牌与人之间情感关联的最好的桥梁，即使文案创作者把一件产品说得再传奇、再美妙，它终归是一件“死物”，但是如果能够将软文人格化，则更多的是和读者做朋友，能够大大拉近与读者之间的距离。“故宫淘宝”在产品人格化这方面十分熟练。

比如，这家店铺最著名的大明猫咪迷你摆件，其文案是这样写的：

明朝宫中，饲养最多、最受宠爱的动物是猫。据《万历野获编》记载，宫里的母猫被称呼为“某丫头”，公猫被称为“某小厮”，被阉割过的猫呼为“某老爹”，皇帝宠爱的猫，还被加以职衔品位，叫“某管事”，宫里还设有猫儿房，是“宫猫”的管理机构，近侍三四人，专饲御前有名分的猫。

这篇文案看似一个诙谐有趣的科普帖，却赋予了产品各种各样的“身世背景”，将猫咪摆件人格化，同时激起了读者的购买欲。

情感类软文

现代社会是一个情感丰富的社会，情感故事是设计广告的重要素材。消费者在购物时，往往是根据自身的感性认识对商品进行判断并消费的，所以比较感性的消费者在挑选商品时一般都会根据自己的主观感受来选择，通常他们比较重视精神生活，也很重视买到的东西带给自己的感受，甚至是消费时享受到的服务，而文案也是服务这种类别中的一个分支。

在撰写软文时，品牌产品的推广在现代人的消费中只占了一部分，剩下一部分就需要文案的感染力去打动读者，让读者产生共鸣，引发读者思考，这样的情感故事能将文案烘托到一定的感情层次中，读者自然而然产生购买的欲望。

情感故事这类软文很容易触动读者的内心世界，创作者可以从需求、友情、亲情、爱情几个方面挖掘读者内心。文案创作者如果能抓住读者的感情起伏，就能受到很多人的关注和喜爱。

很多电商在做微信公众号的文案时，都喜欢用顾客在消费后回馈的故事来作为其产品推广的文案，用情感打动阅读文案的潜在消费群体。

比如hobonichi品牌的手账簿曾撰写了一位顾客为母亲购买手

账本记账的故事。

故事中的这位顾客说道，他在幼时，因为家境普通，母亲每天用一个小小的账本精打细算家庭的开支。后来，父亲的升职让他们的生活富裕了许多，母亲却戒不掉记账的习惯了，偶尔翻开来看一看，很多往事都浮现在眼前。当他拿到打工赚到的第一份工资，就为母亲选购了hobonichi的手账本，一个小小的手账本不仅是分毫不差的记录，更承载了一家人齐心渡过难关的感情。

这样的故事不仅仅能够以情动人，感动读者，而且能够精巧地将产品植入故事，激发读者的购买欲望。

暗示类软文

暗示类软文的特征是不直接说明文章的真实意图，而是通过旁敲侧击，用暗示的方式让读者体察产品的价值，并且愿意购买产品。

这种暗示类软文委婉地表达出自己的产品理念，从而吸引对这种理念认同的读者。这类软文最适合用于学习、培训机构或者健身房等。

例如，某健身房为了增加动感单车这一项目的人气，撰写了这样的文案：

根据世界卫生组织的相关部门研究：动感单车是目前减肥最快的健身方式。因为能耗比较大，建议每天在动感单车房的时间不宜超过半小时。在使用动感单车的时候，敬请各位会员根据相关规定使用该器材。××健身房有数量××的最新型动感单车，地址在×××。

这篇软文很短，却受到了很多读者的青睐，不仅健身房报名人数激增，而且还促进了动感单车的销量。那么这样一篇软文为什么能有这么大的威力呢？

首先，在健身房的这一篇软文中，强调了健身最有效的方法，暗示健身会员，如果想健身，进行动感单车训练是最好的方式。绝大多数想要健身的会员，其目的都是减肥，那么文案还能够给会员一个暗示：你来健身房用动感单车，一定可以减肥成功。

其次，在健身房这篇软文当中，暗示了每天只需要用半个小时的时间就可以达到健身、减肥的效果。如此一来，就暗示了那些想减肥又怕抽不出时间的人，即每天不需要用很多的时间，只需要参加半小时动感单车训练，就能够达到健身、减肥的效果。

实力类软文

实力类软文适用于单刀直入介绍产品，通过介绍过硬的产品功能、性能、质量等给读者营造一种“选择我是最正确的”感觉。

以格力空调的文案为例。相信大部分人都对格力空调的广告文案并不陌生：“格力，掌握核心科技。”作为一个电器类产品，空调是有技术要求的，好的技术当然会有好的空调产品，而核心技术这4个字背后的分量几乎是所有人都能明白的，那么，一个拥有核心技术的空调，自然能赢得顾客的喜爱和信任。这就是格力空调此篇文案所想要表达的明确信息。

但是，想要创作实力类软文，需要保证产品确实达到了文案中所提到的实力。同样以格力空调为例，格力电器官网显示：“格力电器共具有13项‘国际领先’级技术，累计申请专利22 597项，其中申请发明专利8310项。”这段文字的分量足以撑起格力的广告文案，让读者通过数据一眼就能够看出格力电器的实力。

如果产品本身具有强劲的竞争实力，那么一定要通过文案展示出来，毕竟无论产品文案怎么写，最终给用户体验的还是产品本身，展示一个优秀的产品本身就是最好的文案。

社会问题类软文

社会问题类软文能够通过具有争议性的社会事件，激发读者内心深处的想法，引起读者在价值观层面的共鸣。因此，这类软文普遍适合品牌知名度很高的产品。

比如化妆品行业的佼佼者SK–II。最近，SK–II呼吁世界所有女性展现素颜美，并为此撰写了一篇文案，更新一则“相亲角”广告，引发全世界对于女性求职受歧视问题的重视。这样的文案不仅凸显了SK–II品牌企业文化的高度，传递了“职场女性不公平待遇需要反抗”的理念，不仅在用户群体得到关注，而且使得路人也对该品牌产生了敬佩之心。

第7章

如何让文案更抢眼——引爆文案的行文技巧

文案写好却没人阅读？用户看后并没有转发？不知道如何通过文案影响用户？相信这是很多文案创作者心底难言的痛，为什么有些文案能够受到热捧，而有些文案则如同石沉大海、激不起一点儿水花呢？其实，在文案创作中不乏一些小技巧，能够让文案的可读性更强，更能够抓住读者的眼球。

开篇必须抓住眼球

我们经常说，写文章时要有一个好的开头，这样才能有让人继续看下去的欲望。其实，对于广告文案而言，道理是一样的。文案开篇的写作具有多样性，它可以是比较严肃和正规的新闻稿类型的风格，也可以是比较文艺的风格，或者是搞笑的风格，像段子和帖子。

所以，广告文案开篇的类型有很多种（图7-1），文案创作者可以选择多种形式来撰写文案开篇。

图7-1　广告文案开篇的几种类型

提问型

想让读者在第一时间了解文案讲的是什么，自己能得到什么样的知识，就要在开篇提出问题，让阅读文案的人带着这个问题去看这篇文案，从文案中找到答案，这样就能帮助我们筛选出一部分目标消费者。

提问型的开篇分为两种，一种是先描述事情整体的发展再展开提问，另一种则是先提出问题然后叙述事件。

不管运用的是哪种方法，都要文案创作者把事情叙述清楚，把问题讲明白。如果不能清晰地表达，那么读者会认为撰写文案的人员思路不清晰，对之后产品的推广也有一定的影响。

用在开篇直接提问式的方法撰写的文案有很多。比如有一篇名为《你真的会保养吗？——饮食均衡的五大误区》的文案，这样的标题能让读者思考自己是否像文案标题说的一样，进而对文案的内容产生兴趣，最后阅读全文，并且对照文案内容看看自己是不是也“中招”了，是否像文案当中说的一样犯了错误。文案中如果写了如何正确保养，读者就会对照自己的做法，按照正确的做法去做，达到那样的标准。此时，在文案中插入想推广的产品，就会有读者想去尝试这类健康食品，自然而然也起到了刺激消费的作用。

只说一半型

如果在开篇只把话说一半，留下的一半需要读者在看过文案后才能找到答案，这样的开篇首先就具备了一定的吸引力。如果再加上文案创作者描述的事情很有特点，那么读者自然会把整篇文案看完。这就是半遮半掩式的开篇法。

例如某美白功效的化妆品的文案：“大家都知道，想要拥有白皙的皮肤，首先防晒要做好”。但白皙的皮肤不可能仅仅靠防晒就能做到，为了我们的肌肤白皙水润，我们还要注意以下几点。

看到这样的开篇，读者就会想知道接下来需要做些什么才能够拥有白皙的皮肤。因为在文案的开篇并没有说出读者要做的事，只说了要做到下面这几点，也就是告诉读者“你只有看完才能知道要做些什么”。

所以在撰写文案开篇时，在开门见山的同时也要给读者留下一定的想象空间，让读者带着疑问阅读下面的内容。如果一口气把文案要撰写的所有内容都告诉了读者，那么读者自然就失去了继续读下去的兴趣了。

当然，我们也要给读者一个思考你提出来的问题的理由，才能让读者想找到文案开头所提问题的答案，这需要文案创作者对于自己所写的东西能完全掌握，并且能够在文案开篇就将这种紧迫感施加给读者。

因此，如果想在文案的开头就吸引读者的注意力，就要学会制造适当的悬念。悬念是可以直接提出问题的，也可以只说出一半，但我们必须要在文案开篇就给读者一种神秘感，让他们心存疑惑，主动阅读后面的内容，并且在阅读的过程中找到问题的答案。

夸张型

夸张型的文案开篇能瞬间抓住读者的注意力，像标题一样吸引读者。虽然我们不得不承认，这样的开篇内容大多含有过分夸大的成分，但夸张型的开篇的确能立刻刺激读者阅读下去的欲望，让读者想要一探究竟。

商品的人气、销量和价格等因素中，销量是商品受欢迎最有说服力的因素。因为人气也许只能带来关注度，但是销量是实实在在的数字，它不仅代表了商品的人气，还能以此映射出付费购买商品的人的数量。于是很多文案创作者在撰写文案时都会选择用夸张的销量来吸引读者，让更多的读者购买这个产品。

平铺直叙型

平铺直叙型的文案开篇，其最大的优点在于快速帮助文案创作者找到同好。只要读者同意该文案开篇所提出的观点，那么他们就会马上阅读下去，而且感到非常爽快；不同意文案观点的读者，就会立刻放弃阅读这篇文案。

虽然平铺直叙型开篇看似会损失部分读者，但实际上这反而能帮助我们快速筛查读者意向，同时也避免了浪费读者的阅读时间，因此，这一类别的文案更适合做推广。

在撰写平铺直叙型的文案开篇时，文案创作者首先要明确自己的观点。确定好自己的观点后，举例来证明这些观点，为这个观点的阐述找到证据。一般来说，每一个观点应提供3个及以上的证据来证明其正确性。

比如，某篇公众号文案的开篇是这样的："吃巧克力会让人长胖？我认为并不是的。我们吃的巧克力是由可可、糖、牛奶组成，而可可本身的热量不高。事实上，让你我长胖的终究还是糖。"

通过这样的实例，我们可以看出该文案从一开始就表明了其观点：吃巧克力不会让人发胖。紧接着就阐述了自己的观点，并且结合相关知识进行进一步的论证，呈现给读者一个明确的解答。这样，读者不仅会从态度上和作者保持一致，也会从心理上对文案整体的看法表示认可。

平铺直叙型的文案也并不只有这一种，只要在开篇表明自己的立场和态度的文案，都属于这一类。

所以，想撰写好的文案的方法就是多看书、多阅读和多思考，记住案例，分门别类对它们进行归纳，当打算动手写一篇文案时，便能够轻易地将这些内容拿来使用，而不至于陷入一个“想陈述观点但却没有证据能证明我的观点”的处境。

用平铺直叙这种形式来撰写文案开篇，观点一定要吸引人，并且要让读者感兴趣，思考它为什么会是这样的，这需要我们在平时多阅读、多观察和多留意。也正因为这样的原因，平铺直叙型的文案开篇一般具有科普性和一定的难度系数，对不是非常了解这个行业的文案创作者不建议使用这样的方法。

引用名人名言型

很多时候，由于文案创作者所撰写的文案面向的读者是不了解这一行业或者产品的人，甚至文案创作者本身也不是相关的专家和研究人员，因此，写出来的文案自然很难让人相信，这时候就可以把名家名言直接拿过来用。这样不仅在无形之中展示了文案创作者的知识储备，而且又在无形之中让读者产生“名人都这么说了，那么这个观点就是正确的”的想法。在这种引用名言的环境中，读者不知不觉便对正文的内容产生了一种信任。

经常借鉴名人名言，无论文案是谁撰写的，都很容易被读者接受，因为权威是已经被市场验证过、行业检验过的，具有很强的影响力。如果我们借用名人名言，在无形之间就会帮助读者筛选出一个正确的答案，他们只要跟着我们说的去做就好了。

正因为引用名人名言有这样的权威性，所以，当我们采用借用他人之口撰写开篇的方法时，一定要保证所选择的这个“他人之口”是被大众所熟悉的，被大家认识而且信任的，切记不要选择一个谁也没听说过的人并引用他的言论，这样即使借用了也不具备任何意义。

另外，值得注意的是，在文案当中千万不要过于频繁地引用这些名人名言，用一次恰到好处，剩下的内容只要用我们自己的话语来阐述观点就好了。如果频繁地使用他人的言论，反倒给人一种文案创作者并没有自己观点的错觉，一个没有思想没有主见的创作者就更加无法说服读者购买产品了。

运用引用名人名言的形式来撰写开篇的文案，文案创作者在撰写时要注意其中两点：

（1）引用的名言必须能够证明文案内容中的观点。

（2）引用名人名言时，最好把说这句话的名人的名字写出来，因为只有让读者知道权威的名字，才能够明确发言的对象，才能够对文章产生信任。

另外，名人名言只是我们借以帮助文案证明观点的一个道具，不要让名人名言成为开篇的全部内容，一定要在引用之余表达自己的观点，体现文案思想，突出文案内容的独创性。

情景导入型

很多品牌商在做活动后，撰写文案时都会运用直接描写的手法来告诉读者活动现场有多么火爆。比如红极一时的“喜茶”入驻北京首家分店时，某文案中就写到“不少年轻人一大早就前来排队等待开业”。这样的描写能够让读者产生一种画面感，读者想象当时的场景，就会产生“这么多人都去喝，那我也要尝尝”的想法。

“喜茶”的例子给我们解释了很多文案创作者都在苦恼的“为什么我的文案没人看，不能让读者有一种共鸣感”这个问题。在撰写文案时，给读者一个场景让他去想象，让他能够身临其境，这才是最有效的推广方法。

我们在撰写文案时，可以运用对话、情景再现等方式来让读者产生画面感，并且让读者和我们达成共识。同时，一定要把情景描写得细致、全面一些，因为只有在文案开篇将画面构建得细致入微，才能够使读者想象出来的画面更加清晰，所以他想购买商品的欲望就会越强，那么这篇文案的开篇目的也就达到了。

牢牢绑定读者

文案的主题虽然多种多样，但是不论这些文案属于什么类型，文案的布局也不过三大构架——开头新颖，引人注目；中间内容详细，叙述清晰；结尾巧、强而有力。文案正文的布局大致分为以下几种形式。

递进式

递进式的布局方法，顾名思义，是文案的内容层层深入，每个部分都不能缺少。用这种方法布局，思维逻辑关系十分重要，所以内容顺序绝对不能颠倒。

这种布局方法适用于议论文体文案中，论述时层层递进，透过现象看到本质，从事实出发来讲道理，先说“是什么”，再讨论“为什么”，最后说“怎么样”。递进式布局的逻辑关系非常严格，这种形式能够让读者更快地了解文案所想要表达的内容。

悬念式

悬念式的布局方法是在故事发展中将人物的命运和情节推到关键的地方之后故意分开，然后为他们的分开做出一个解释，让读者产生迫切期盼的心情，最后找到恰当的时机解开谜团。

想在撰写软文时制造一些悬念，文案创作者可以参考广告中设置悬念的营销方式，来达到效果。通过把故事情节分开来设置悬念从而让读者产生继续阅读下去的欲望，其实这样写并不复杂，但需要按照合理的步骤进行。

首先，文章当中不能过早地解开谜团。悬念是为了吸引读者，让他们继续看下去的，如果谜底被过早揭晓，那么就失去了引人注意的意义了。

其次，要充分考虑读者的阅读感受，根据读者对情节发展的期待展开撰写。现代社会人们喜欢与自身思维方式比较相符合的故事，如果文案能够抓住读者的心理需求，满足他们浏览信息的习惯，那么营销自然就会取得成功。

最后，在文章当中可以加深矛盾与冲突，把精彩的东西留到最后。为了达到这一点，我们可以用下面3种方法制造悬念（图7-2）。

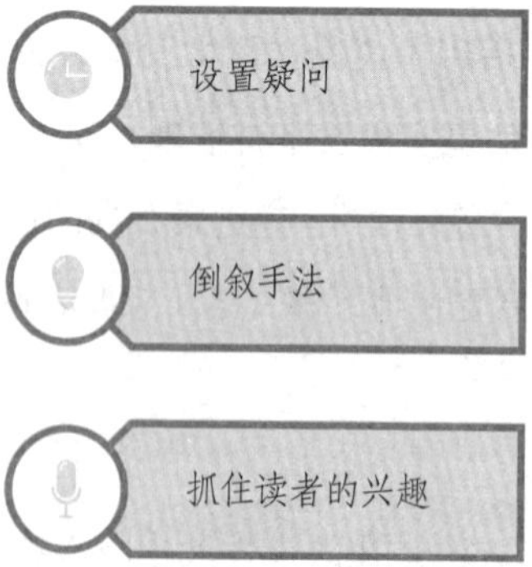

图7-2　制造悬念的3种方法

（1）设置疑问，随着文案的进行把疑问逐渐解开。

（2）先说出读者最想知道的事情，接下来述说其原因，这是倒叙手法。

（3）如果想表达的内容较多，其中某个方面已经引起了读者的兴趣，在准备向下发展时突然暂停而去讲另外一件事，读者就会将两个方面都牢记着，这样两件事就都能引起他们的兴趣。

并列式

并列式文案是把事情或论题分成若干个部分来阐述，布局不分主次，每个部分都是独立、互不干扰的，与其他部分都是平行的关系。

并列式文案一般有两种类型：平行罗列几个论点，围绕中心论点讨论；选择一个论点，列出几个并列关系的论据来论证这个观点。

文案创作者在运用并列式的布局方法时，要注意并列的几个内容是否分别独立、是否围绕一个中心展开，并且这几个并列的部分没有上下之分，都是平行的。

抑扬式

抑扬是在撰写记叙型文章中一种常用的写作技巧，分为欲扬先抑和欲抑先扬两种。欲扬先抑是先从贬义的部分下笔，贬义是为了给后面的夸赞做鲜明的对比。这种文案布局类型能够使文案情节多变，引起读者的阅读欲，文案读起来更生动活泼，充满趣味，同时能够给读者留下深刻的印象，增强文案的感染力。

三段式

三段式的布局方法仿照新闻学中“倒三角写作法”，是文案布局当中最规矩的一种方法。

通常，在整篇文案中，第一段的内容是全文的梗概、精髓，这有利于文案创作者对它进行更改和修订，也有利于读者阅读并抓住有效信息。三段式的第一段会用比较干练的语言对文案中所写的内容做概括描述，简单地概括出商品的特点。

文案的第二段主要是对上文所描述的内容进行进一步的展开说明，比如商品的使用方法、技术应用、原料选取、商品信息及优点等。

最后，在文案第三段中描写商品的品牌背景、发展历史等内容，做到将整个商品进行“拔高”，并且能够体现商品的价值和意义，写到更高、更深的层次当中去。

结尾用来点题

文案结尾的目的是总结全文，与开篇相照应，同时能进一步突出文案的主题，加深读者的记忆。相对于文案的开篇，文案的结尾看似更简单一些，不过文案的结尾工作也需要文案创作者掌握熟练的技巧。

祝福式

很多电商喜欢在节日做店铺促销活动，因此文案营销手段在促销活动中十分常见。在推广活动的过程中，不少商家撰写的文案结尾都会根据活动时间的临近节日来为消费者送上祝福。

比如七夕节或情人节期间活动的文案，商家就会撰写“无论是和恋人约会，还是享受独自一人的时间，小编都希望你能收获幸福与快乐”等，这就是典型的祝福式结尾。

抒情式

一些文案创作者在为商家撰写文案时，用抒情的方式结尾，这种方式多用于关于人物、记事、描写型的文案的结尾。

抒情式的结尾考验文案创作者对读者情感波澜的掌控，是否能在文案结尾将心中的情感流露给读者，引起读者共鸣是关键。

比如某女装品牌的电商文案结尾处描写“这个背带裙有两个颜色，奶茶色和黑色，一个比较温柔一个比较酷，可以做姐妹装，和闺蜜一起穿，走在一起时就会感觉超开心超幸福的！一直觉得，如果可以有个人愿意很多很多次和你穿一样的衣服，那她一定非常爱你。”运用了抒情的方式，点明了消费者的心理。

请求式

文案创作者在讲清楚正文内容的基础上，可以在文案结尾向读者提出一些请求。比如某化妆品牌的文案结尾是“还不快来定制专属于你的唇膏”，这种结尾方式能够让读者在看完内容后引起强烈的购买欲，也能了解到更多相关产品的信息。

名言名句式

和文案开篇引用名人名言效果相同，用名言名句来做文案的结尾，能让文案的意义更加深远，为读者揭露文案的真谛。在用名人名言结尾时，文案想表达的哲理就会深深地印在读者的心中，不仅能为文案内容增色，而且能让读者牢牢记住这个品牌，有利于读者成为潜在用户。

击中人心的文案细节

文案开篇、布局以及结尾固然重要，但文案中的细节也是一个小小的加分点。

解剖价格和功效

面对一个产品，读者最关心的是价格和功效，所以文案创作者要特别注意这两方面的内容，把它们解剖，细化到不能再细。所以我们要做的就是增加细节，把销售数字、产品功能等具体展示出来，细节越多，可信度越高。

（1）价格细节，和原来的价格做详细对比。比如，某篇文案写到“我们降低了价格”，没有细节的描写，很难掀起波澜。如果将该文案换成“我们的价格降低了25%”，就会让读者心里有数，知道这件商品真的大减价了。这样既可以抓住读者的心，又能够起到宣传的效果。

（2）功效细节，描述具体的效果。比如某剃须膏广告文案中写道“泡沫不在脸上掉”，可以换成“泡沫能在脸上完整保持10分钟”，“快速生效”可以换成“一分钟内软化胡须”，细节的描写能够让读者立即知道该产品的功能以及效果。

就广告文案而言，一般人都会接受明确的说明，越具体、细致的内容越容易让人相信，文案也就越容易让人认真对待，从而使读者产生购买的欲望。

让读者一次看个够

人们很可能只会做一回读者，如果一篇文案遗漏了什么重要的内容，读者以后可能就再也没有机会知道了。因此，在写文案时需要注意以下两点：

（1）文案并不一定越短越好，关键在于把产品介绍好，把事情说清楚。有的文案创作者想保持文案的简洁，担心写太多东西会没人看，殊不知，太简洁的内容反而说服不了任何人。在文案创作中，应当尽量把产品的亮点都写下来，然后精选出能够打动读者的点，将其细致而全面地呈现给读者。

（2）给一个产品做系列文案时，要保证读者即使只看一篇也不会影响他了解产品的全部功效和优势。有的文案创作者在撰写系列文案时，每篇只表现一个主题，这样做很难把产品的优点在一篇文章内完整显示出来。

阅读文案的读者都是对产品有一定兴趣的，面对他们，文案创作者应该用尽全力，把有吸引力的东西都抛出来。

碎片化阅读，让消费者更爱读

网络媒体发达，信息碎片化严重，在这种情况下，人们的阅读能力也许会受到影响，但是这种状况不会影响消费者阅读电商文案的能力。

电商本来就是为消费者在消费过程中减负而产生的，假如产品的文案能让消费者在短时间内获得他想要的信息，那么消费者就会对这样的碎片化阅读更加信任。

而文案创作者要做的就是将文案的内容进行归纳和整理，让消费者在短短的几百字内就对商品产生兴趣。

第8章

让文案具有视觉冲击力——文案排版技巧

如果一篇文案整页堆砌了密密麻麻的文字，几乎没有页边距，没有标点，没有留白，没有段落标题……那么读者还会继续阅读吗？事实上，一篇文案如果不能让读者一眼看起来舒服、明了，则很难吸引读者。由此可见，文案排版在文案创作当中也是十分重要的一环。

内容固然为王，版式同样重要

文案字数太多无从下手？甲方执迷不悟塞一堆文字？怎样让一坨坨文字在排版上更加“高大上”？我们分别从空间、对比、修饰3个方面，循序渐进地总结文案的排版方法和表现形式，并在日后把这些排版技巧运用在实际设计中。

空间——文字的排版

空间，就是合理地布局文案并突出重点，在适当的位置里添加适当文案。空间上的布局，常见的有3种（图8–1）：

图8–1　3种空间布局

（1）中心分布：文字为主要内容，或与图相关联，画面稳定。

（2）左右/上下分布：常用的分布形式，容易平衡版式，内容文案区别对应性强。

（3）对角线分布：相对以上两种布局，对角线分布更有视觉冲击，不呆板，一般文字为辅助说明，以展示产品细节为主。

在找个好布局安放文案的同时，还要突出应该强调的重点。比如以产品为重点的文案，文字就应该作为产品本身的辅助；以文字为主体的文案，可以用简单的排列方法和线条、小的图案等来增加画面感。

文字的排版形式有很多种，比如齐行型、居左型、居右型、居中型、自由型，在此做简单介绍。

齐行型是最稳妥的一种排版形式，最方便阅读，没有其他的企图，只是以读者的阅读方便为出发点。

居左型的文字排版形式十分方便断句，同时能够突出某些信息，适合用于短诗歌、介绍类信息等文案，比如产品特性的介绍等。

居右型的排版形式很少能用得上，它是一种比较凸显个性化的排版模式，不过，当产品图片放在左侧，而文案文字在右侧时，居右型的排版就能派上用场。

居中型的排版显得高端、正式、贵气，是大部分品牌都喜欢用的一种排版方式，同时，很多房地产行业、珠宝、手表和奢侈品品牌的电商、线上官网也爱使用这种模式进行排版。

自由型的文字排版方式在杂志中最为常见，许多角版的插图都非常需要文案中文字的自由线条配合图片的线条。一些电商也会选择用这种自由型排版的模式，一般在电商做折扣、福袋的活动时，为了版面紧凑，就会使用这种排版模式。

对比——文字跳跃率

对比是指在确定文案的空间后，让文案本身的字体产生差异，从而形成对比。其中，对比的方式也有很多，在此进行简单介绍。

（1）大小对比：大小对比也叫文字的跳跃率，效果明显也最常用，十分容易产生醒目的效果，几乎大部分文字排版都使用这种方法来突出主次。

很多奢侈品品牌的官方网站首页，文字的最大字号只有18号，最小是12号，大小对比并不是特别明显。然而打开天猫或淘宝，我们不难发现，每个专题的最大字号和最小字号的差值非常之大，有些主题的最大字号接近100号，但最小字号只有14号，对比非常强烈。

从这种比较来看，字体大小对比越强烈，廉价感就越强，但同时，也就越热闹、越亲民，反之亦然。也就是说，差值越大，文字跳跃率越高；差值越小，文字跳跃率越低。因此，文案创作者和美工人员就可以根据不同的需要来设定字号的大小。

（2）粗细对比：主要为字体粗密、深浅之间的差异，这种对比方式使版面错落有致，从而产生视觉重心。

（3）字形对比：这种对比形式相对以上两种更加自由多样，最普通的字形对比为衬线体与非衬线体的对比，或者可以进行字体设计产生差异对比，并加入图形元素等。

修饰

修饰是在文字版式中可有可无的环节，具体要看画面的需要。通过各种加法、减法、乘法进行修饰，可以为单调的文字加上一些细腻的细节。

1.修饰上的加法：在基础文案上添加元素，加强重点，平衡版式

加点：可以跟主体搭配，充盈画面。

加线：修饰文字，引导文字，整理文字，平衡画面等。

加面：以面状出现在文案字体中，一般作用于重点文案，或者需要吸引点击的按钮，和框选区分内容。

2.修饰上的减法：在文案的表现形式中做裁剪、隐藏或者镂空

裁剪：扩大空间感，在一些日式设计中，有时会故意放大字体到边缘，撑住版面。

隐藏：隐藏看得懂的文字，修饰文字的同时还能引发想象。

镂空：除了可以强调重点文案或主体，还可以叠加肌理、材质效果于镂空部分。

3.修饰上的乘法：通过交集产生特殊效果

与主体或背景交错：交错式更有前后空间感，与图片主题内容上有更多交互。

字叠加或错落排列：突破呆板的横竖直排方法，有动感。

图像是另一种语言，图文结合更轻松

文案中的图像更像另一种语言，将图片与文案的文字内容相结合，往往能够更加轻松地达到其创意文案的效果。那么，在一篇文图结合的文案当中，如何才能做到抓人眼球的“吸睛”效果呢?

排版模式为什么总是乱糟糟

在一张广告图里，最重要的元素有两个：一个是产品照片，一个是广告文案。其中最重要的工作就是完成文案的排版，根据排版的效果，产品的销量也就会随之变化。

我们的印象中，许多失败的文案给我们的第一感觉就是——乱。

为什么会乱呢？事实上，排版是从字体的选择到颜色的搭配再到位置的摆放，每一点扩展开来都可以组合成新鲜的样子。绝大多数设计师的设计习惯是边加内容边排版，这样很容易导致一个问题，就是需要用大量的时间来调试各种各样的排版方式。这一点大家应该都深有体会。每一次设计，文案创作者很多时候都将大量的时间花费在元素位置的摆放，大小的调整，颜色的调配上，而这恰恰是一件很浪费时间的事情。

字体的排版和颜色的搭配是有共同点的。好的文案设计，排版看起来一点儿都不死板，舒服又有亮点，它们的与众不同也许是因为我们每个人看到的元素不同，比如位置的摆放、英文的选择、整个文案排版的形状等。它们的形状或对称，或对齐，看起来是一个完整的整体。

排版的整体形状非常关键。首先，文字区域是读者的阅读区域，如果形状是常见的稳定协调的形状，看起来就不吃力，也容易吸引注意力。

我们在学生时期学习写作文的时候，都会学到一个总分结构，在正式写作文之前，就应该规划好整篇文字的结构，列好大纲。设计也是一样的，在我们在做具体的排版之前，最需要做的就是规划整体文案的形状，然后是形状区域内部的排版，如果这样做设计，在时间上就会获得很大的自由。

怎样挑选图片的形状

让人感觉舒服的图片形状有很多，比如长方形、圆形、圆环、塔形甚至是皇冠形，这些形状十分常见，也能够使读者阅读更加轻松。一旦选好形状，后面剩下的工作就是把文案的文字内容填进去，这样不仅能够增强整体的版面设计感，而且更重要的是节约了大量的设计时间。

这种排版方法的关键在于让文案依照形状的走势来排版，虽然整体效果是可以的，但是文案的排版精细度就会不够，因此文案创作者进行选择的时候应该更加慎重。

如果我们把这个方法再拓展一下，可以把文案排版的元素分为以下7种：字形、方向、颜色、数字、英文、纹理、框架。这些元素就是排版设计的关键。

10种排版设计形式

1.左右分割形式

左右分割形式是将版面分成左右两个部分，这样的形式往往给人一种十分严肃的感觉。由于视觉原因，一般情况下，图片放置在左侧为佳，右侧配置小图片或文字内容。在配色方面，左右两侧阴暗对比强烈效果更好。

2.上下分割形式

上下分割形式是图文排版中较为常见的一种形式，将版面分成上下两个部分，其中一部分配置文字。使用这种形式，图文整体版面看起来较为稳重，但是稍嫌呆板，因此文案创作者在排版的过程中所添加的图片就应该尽量活泼，使图文整体富有动感。或者将所添加的文字内容增加，这样有助于调节版面。

3.以中心为重点

这种排版形式的图片或重点突出元素的配置会在画面中心起到强烈的作用，其他文字内容由中心向四周放射，可以起到突出重点的作用。

4.斜向分割

斜向分割形式是将图片倾斜或者将画面呈斜线式进行分割，这样的排版形式能够产生一定的动感，对于汽车或者家电这类较为死板的产品，斜向放置效果比较生动，能够使消费者更加关注产品全貌。

5.螺旋形

螺旋形排版形式是指将图片由大到小，由内向外有规律地渐变排列，最终形成螺旋形状，使读者的视觉轨迹由外向内旋动，最终落到中心点，从而形成一定的动感。这种排版形式适合多幅图片的编排，而且中心点一般是广告中最重要的图片。

6.U字型

这种排版形式将图片置于版面中央的上方或下方，并在一方出现，从而产生U型空白。空白处的编排要精心设计，否则会显得很死板。

7.N字型

这类排版形式将图片以流线型编排放置，使视线上下反复移动，比较适合多张图片的编排配置。

8.重复

重复是指把内容相同或者有着内在联系的图片重复排列，最终使读者产生冷静的畅快感和调和感。

9.并置

并置的排版形式是把同内容图片以大小相同的面积放置在一起，是一种非常简单的排版形式，但是十分适合一般读者的流畅阅读习惯。

10.包围

包围的排版形式是指用图案或者图形将文字的四周围起来，使画面产生华丽、热烈的气氛。

其他构图法——点线法

除上述10种排版设计形式以外，在一篇文图结合的文案当中，还有很多不同类型的构图方式，其中，最具基础学习价值的就是点线法。点线法包含单点构图法、单线构图法、平行构图法、曲线构图法（图8-2）。

图8-2　点线法的4种构图方法

1.单点构图法

单点构图法是在一个版面中只有一幅图片时使用的方法。

当排版过程中遇到只有一幅图的情况时，图片的布局往往看似比较简单，其实不然。内容越简单越不一定好处理，那么作为文案创作者此时则应该考虑多方因素，除了要对图片的形状和大小进行调整，还应当考虑图片与文字穿插在一起的互动效果，以达到吸引读者的作用。

对于不同形状的图片，也应当有不同的排版形式，比如异形图适合放大，方形图适合缩小等，文案创作者要根据前后图片的布局情况而定，如果有边饰，要考虑与之相照应。

单点构图法中图片的定位可以是居中、居边、偏侧等，没有很多规律。

如果仍然觉得版式单调，则在这种情况下可以对精彩的图片采取引线详细解释或者变换图形注释的形式，加之倾斜图片等手法，以增强文图内容的灵活感和渲染性。

2.单线构图法

单线构图法是在一个版面中有两幅图片或两幅以上时使用的方法，遇到这种情况时，除考虑单点构图法中的一些要求以外，所应用的方式得更加灵活。

单线构图法的布局有对角、对边、顺边、错边、对应、呼应、对称、错落等形式。这些形式可以穿插或交替应用，它有一个明显的特点和规律，那就是将图片看作一个点，不管是2个点还是3个点，连在一起形成一条线。

3.平行构图法

平行构图法在一个版面中有4幅图片以上的时候适用，它的特征和规律比较明显，其图片布局按照一个明显的平行规律安排。这种构图法分为水平平行和斜线平行两种形式。

一般来说，在图片比较小的情况下可以使用平行构图法，比如在目录当中插入图文。

平行构图法大多是为了追求一种装饰效果，所以在正文中很少见，但图与图之间相连的线上可以再有图片。有时候为了整体效果，还可以把两个版面连在一起考虑。

在平行构图当中，文案创作者还可以把整个版面变换成其他形状，比如菱形、人字形等。

4.曲线构图法

曲线构图法主要是针对图书的整体结构而言的，并不拘泥于一般的死板直线构图。前面那些构图方式一般都是局部的，而曲线构图则是整体的。

曲线在整体版面中有波动的感觉，其实它已经包含了前面所讲的所有构图法，是一种综合性的方法。

用视觉效果“画重点”

随着电商文案、海报、广告发展得越来越快，人们的视觉已经无法用单调的文字文案来满足，甚至有些图片也不能达到消费者对文案的要求。这就需要文案创作者用视觉效果来吸引消费者的注意。

当我们回归产品和服务的本质探寻卖点的时候，会罗列出一堆这样那样的优势和特征。比如一台电子产品，在我们对其进行分析时，难免有消费者看不懂的专业名词，这就需要我们去形容。

举一个简单的例子，当用“漂亮”来形容一个女生的时候，我们无法实际地去感知这个女生如何漂亮，但是在《红楼梦》中却有这样一段描述：

唇不点而红，眉不画而翠，脸若银盆，眼如水杏；一双丹凤三角眼，两弯柳叶吊梢眉，身量苗条，体格风骚，粉面含春威不露，丹唇未启笑先闻。

读者只要读到这里，在脑海中自然而然就会形成一个“漂亮”女生的画面，视觉感自然就形成了。

同理，在书中形容贾宝玉时用“面若中秋之月，色如春晓之花”作为比喻，虽然我们没有见过贾宝玉，但我们见过中秋之月，见过春晓之花，因此人物立马鲜活起来，这就是视觉化的妙处。

用简单的方法让消费者注意广告的概念

朱立安·肯宁说：“如何成为好的撰文人员呢？我认为先要使自己成为一名优秀的设计人员就对了。”

上屋耕一说：“文案，是构成广告的一项要素。而且，文案是带动整则广告的要素。这个带动作用也就是文案的技能。因此，把文案从广告中剔除，不只是不自然的事，更是无视文案功能的大错。”

詹姆士·伍尔夫说：“熟练地运用文字和构图，能使创意的传达更具效果。任何一项也不容忽视。能正确地组合这两者的，便是优秀的撰文人员。”

从以上的语录中可以看出，不只是文字，构图、设计也是理想文案的关键词，同时也是文案表达所需要的——视觉化思考。

西尾忠久在《如何写好广告文案》中说道：“文案既然是广告中具有带动作用的要素，就不应该忘记文案和广告中其他要素如何取得密切配合的重要性。文案，以及包装文案的视觉表现，可以说类似于骨骼和肌肉的关系，先有骨骼，而后有相配衬的肌肉附其上。”

由此可见，广告不能仅靠文案中的文字内容。因此，文案创作者或多或少需要具备视觉化表现的能力。文案的视觉化就是使用易懂的技巧使读者注意到广告的概念。

有时候，我们会采用各种办法以使读者能立刻了解广告所要传达的信息概念。但是，无论是文案创作者或是设计人员都不能忘记：文案及构图必须一致，以求广告所传达的中心主题能够统一。于是，如何求得有效的视觉化表现，是文案创作者遭遇的难题之一。

广告界曾经针对视觉化表现尝试过很多种分类。比如奥图·克莱诺将广告用的构图分列如下：只有产品的构图、经过装饰的产品构图、能够表现出使用该产品的好处和不用该产品的坏处之构图；标题的戏剧化、某个单一情景的戏剧化、例证的戏剧化、故事性广告的戏剧化、细节的戏剧化；比较、对照；漫画、图案与商标、图画与图表、符号；装饰设计、抽象设计。

虽然有这么多种分类，但优秀的视觉化表现并不限于此。视觉化表现的好坏决定于文案创作者和设计人员的想象力。因此，文案创作者应该重视想象力的训练，以求视觉化能力的提高。

不只在创作中才有图文不分

图文不分确实是给消费者带来视觉冲击的一种方法，但图文不分已经是文案设计的最基础方法，除此之外，我们也要考虑其他几个问题。

1.多色排版

双色排版及三色排版的设计图在淘宝、京东等电商平台十分常见，这种排版设计的关键问题是文案创作者和美工人员有没有掌握里面最核心的设计方法。这种排版简洁，视觉效果突出。当然，关于色彩的排版设计并没有那么简单，出于高效排版的需要，这种排版方式是一种最基础的排版方式。

双色排版的特点是文字隔行排版，且两种颜色对比强烈。而三色排版的特点则是文字颜色有3种，显得更加活泼、生动。这两种排版形式都需要颜色对比强烈且协调。

2.数字的巨大化

当今越来越多的电商平台不断涌现，每当活动时总少不了促销类型的文案设计。提起促销图，其排版自然少不了数字，数字的应用一般是折扣数字和价格，而数字巨大化的特点是将数字完全放大，与其他字体形成鲜明对比。数字跟文字对比强烈，包括大小和颜色，当然也可以在位置摆放上做更多的创意。

3.文字的结合和变形

文字是排版的核心，但是单纯地做文字效果十分不易。这种方式的特点是文字的笔画和笔画之间相互融合，形成一个整体的形状。

这种方式设计出来的效果很好看，但它不是高效排版的好方式，文字的效果需要很好的创意，日常的设计往往没有那么多时间来给我们做创意，在这种情况下，文字结合或变形的方式就不太实用。

4.用英文制造形状

现在有很多广告图都加入了英文，其实消费者未必能看得懂，但是英文制造形状的排版方式对于整个排版的增强效果非常明显。

这种方式的特点是把英文本身作为一种形状，让文案围绕英文排版，非常有趣。如果把英文本身作为一种形状，居中排版，则简单而有效。当然，英文字体要小，即使读者读不出来也没关系，关键是文字排出来的形状要能够做到吸睛，让读者一眼就能够看出其中英文形状想要表达的意图。

在用英文制造形状的过程中，还包含着另一种常见的排版形式，即首先创建一种形状，然后把文案填进去，而英文字母就是作为一种辅助图形存在的。

5.纹理填充文字

在进行视觉化文案设计过程中，我们还可以用纹理填充文字，其中包含两种常用的方法：其一是文字的背景用另外一种背景来填充；其二是文字的纹理就是背景的内容，但是颜色有改变，这种方法用得好的话是非常容易出彩的，它看起来更漂亮、华丽，更加能够吸引读者的眼球。

第9章

一个故事，一壶好酒——事件营销带文案走得更远

在信息高速发展的互联网时代，网络热点总是层出不穷，借助网络热点进行事件营销的企业往往赚得盆满钵满。难免有人会好奇：何谓事件营销？如何利用网络热点来打造事件营销？

紧跟事件营销

通过营销策划行为，形成网络和社会热点关注话题，被称为事件营销。也有些营销行为，是在社会关注热点出现后及时跟进传播策略，进行商业品牌的进一步植入，并取得不错的传播成果的，这种行为称为利用网络热点进行事件营销。

由于事件营销起源的特殊性，尤其在中国特殊的网络环境下，表现出先由网民自发进行事件营销行为，后由学者进行概念总结归纳的特征，所以一般情况下，我们认为事件营销并不是一种方法概念，而是效果概念。事件营销是营销传播效果的一种体现，即某些传播内容引发一定程度的社会反响以后，形成社会性的热点关注话题，并且带来若干相关话题的衍生讨论，这种结果称为事件营销，也可以叫作病毒营销。

在事件营销当中，所选用的媒体平台可以是网络也可以是传统媒体，只不过在互联网时代，网络更容易聚焦话题。

事件营销的本质

事件营销在市场竞争环境中，通常有两种不同的起因：一种是突如其来的偶发事件，另一种则是有意为之的事件。

突如其来的偶发事件对营销的冲击是不确定的。因为事件是偶然发生的，所以在面对事件时的应对情况，更能反映出企业在瞬息万变的市场中主动调整和适应突发事件的能力。一家企业如果能够随时调整自身的经营行为，主动适应市场出现的新变化，无疑会成为市场竞争中的强者，会成为掌握市场主动权的一方。

而企业有意为之的事件，其演变的过程及最后的结果都是企业预设的，因而被认为可控。在企业营销策划中的事件营销通常专指这类由企业设定的营销活动，比如由“光棍节”而产生的网上购物的促销活动，就是由电商平台借“11・11”这个特别的数字组合演绎出来的一个民间购物狂欢活动。本来“11・11”并不具有任何实际意义，但却被营销人员和广大网友创造出一个所谓“脱光”的“光棍节”，并借此把这个日子作为疯狂购物的由头。

“11・11”由此成为目前国内网络购物的一个经典活动日期，淘宝、京东、天猫等电子商务购物网站一次又一次地续写了中国电子商务的销售业绩神话。

无论是突发事件，还是有意为之的事件，事件营销策划的关键在于能找到一个让公众接受的新闻卖点，且这个卖点能被塑造成一个新闻热点，聚焦人们的注意力。

突发事件，因其不可预知性和偶发性，打破了社会的正常生活方式，而成为人们的聚焦点。企业策划的事件营销，也因为其有意地运作而被塑造成一个大众话题，从而形成新的热点。

事件营销中的两种事件起因虽然不同，却有一个共同点，那就是事件能够成为媒体关注的中心，能够成为大众关注的焦点。

企业的促销行为要想被消费者接受，首要前提就是所制造的信息必须是消费者感兴趣的，能够引起消费者关注的。

事件营销，并非事件可以带动消费，而是随着事件的发展和传播，消费者通过对事件的关心，联想到企业的产品和服务，从而间接带动企业的市场发展。简单来说，事件营销就是通过对事件的聚焦，消费者提升了对企业的关注度，用更加通俗的语言解释，事件营销就是借势。

利用事件营销最成功的案例当属奥巴马竞选时期的一次借势。大选正处于胶着状态，此时桑迪飓风来袭，奥巴马及其团队应对的策略是第一时间放弃竞争游说和最后的辩论准备，迅速回到白宫，组织和协调救灾事宜。此时他的竞争对手却无计可施，在野党的竞选团队只好暂停竞选活动，干看着奥巴马表演。

奥巴马面对桑迪飓风来袭，凭借其对突发事件的良好处置能力，获得了关键的纽约州的支持，同时也获得了对手阵营的尊重。新泽西州的共和党州长，也因此将选票投给了自己的对手。

由此可见，如果能够把握事件的时机借势，就可能获得意想不到的效果。

事件营销的要素

事件营销的要素有3个：

（1）是否形成社会广泛关注的热点话题。

（2）是否有大量传统媒体介入，并与网络媒体形成周而复始的推波助澜。

（3）是否有大量受众主动参与、传播话题，并且在此过程中产生病毒裂变效应，出现不同衍生话题的讨论和相关表现形式。

事件营销的3个要素缺一不可，文案创作者在借助事件营销的过程中也要贴合3个要素进行设计。

在前文中提到，事件营销是效果概念而非方法概念，这是因为事件营销往往是营销策划者一个美好的梦想和愿望。

在事件营销策划之初，每一个营销人员都希望该话题能够成为大范围影响的轰动性话题，而实际上，该话题在传播过程中是否能够满足本文前面所说的事件营销的3个要素，是否能够形成事件营销的结果，却没有任何可把控性。绝大多数网络事件营销的成功都有一定偶然性，在整个互联网上起码有95%的厂商和营销策划公司的事件营销在执行过程中流产。

要进行一次成功的事件营销是很难的，因为其中的可变性太大，但并不是说绝无可能，我们可以从前人的事件营销成功经验中总结出一些可参考和学习的方法，在把握大的方向和原则的基础上，提高事件营销成功的可能性。

第一，事件营销必须在前期有策划的概念。策划的出发点和创意点要更多地从网民的角度出发。什么样的内容会受到网民的关注和喜欢？什么样的内容会受到媒体的关注和追捧？尤其是什么样的内容更容易上各大门户网站的首页推位？通过对成功的事件营销案例进行分析，得出网民的心理关注倾向应该大致分为以下两个方面（图9–1）：

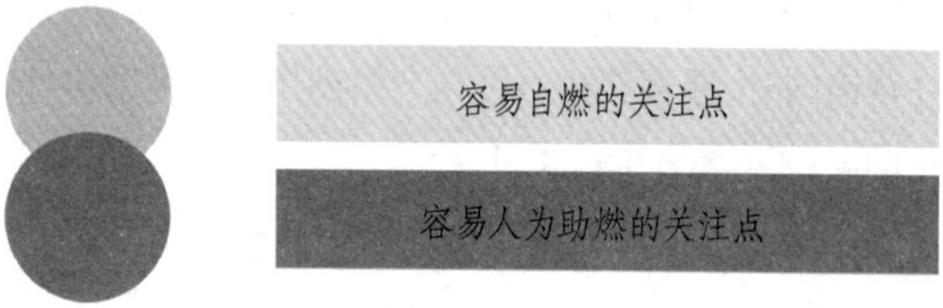

图9-1　网民的心理关注倾向

1.容易自燃的关注点

（1）有趣好玩：当代年轻人上网更多的是为了放松身心，因此一些轻松娱乐的话题自然更加能够引起年轻网友的关注。如果能够让网民参与有趣的内容，会在巨大数量的网民参与互动后，形成事件营销的结果。比如“papi酱”“戏精牡丹”“日本挪威小哥”的流行，以及“直男撑伞小分队”“中年油腻你中了几条”话题的流行等，都是在轻松有趣的氛围中，让网民感同身受地乐于参与互动，最终形成网络事件营销的热潮。

（2）名人效应：八卦是人类的天性，名人效应在营销活动中更是十分见效的常见手段，社会大众名人和娱乐明星更容易被关注。

（3）社会热点：315晚会、全国人大、日本地震等本身就具有广泛社会关注度的热点问题，收到更多的目光焦点，也相应容易受到关注。

（4）道德底线：群众的情感是很容易被激发的，尤其是挑战社会大众道德底线的新闻事件或者网络热帖。比如“父为医子车站卖女”“某某猥亵事件”“男子虐杀猫咪”。这些新闻因为突破社会大众道德认知，而在新闻报道后，进一步形成持续讨论，使得群情激愤，最终成为热点事件。

（5）热点日期现象：比如情人节对“单身狗”的暴击、儿童节游乐场所爆满、春节期间春运现象、高考结束后旅游等话题，永远能够成为一段时间内的热门话题。

2.容易人为助燃的关注点

（1）审美效应：网络上诸多网红博主的走红能看出，“美”依然是互联网事件营销中的制胜法宝，无论什么事件，只要有一个靓丽养眼的主角，必定能为事件营销成功增加30%的可能性。

不过，随着社会的开放，以往的网红走红需要伴随着负面争议，而现在更强调人物个性和故事的与众不同之处。

（2）猎奇心态：只要有好奇心就有关注度。小月月、凤姐、papi酱无疑都是伴随着网民猎奇心态的争议声而走红。因为围观“人间奇葩”的必然性，所以网民会大量传播、讨论甚至恶搞主角，使得这些“网红”不红也难。

（3）炫富行为：众多网民普遍对“不明巨额财产来源的富人”具有天然的仇恨心理，所以“郭美美”“卢美美”相继被网友自发人肉搜索，形成影响巨大的热点事件。无论动机为何，都不能够否认，炫富行为本身就是一种绝佳的“吸睛”手段。

（4）网络骂战：互联网是一个开展骂战最好的平台，无论是博客、微博，还是名人对骂，普通人骂名人，都能够起到事半功倍的营销效果。

综上所述，在事件营销的前期策划中，只要牢牢把握用户心理，起码已经把握到事件营销的成功脉搏。

第二，事件营销往往成功在执行的细节把握上。素材积累、文案撰写、效果监测、快速反应是事件营销的4个必经步骤。每一个步骤都必须严格把握，缺一不可，稍不慎便难免功亏一篑。

1.素材挑选

前期的素材积累体现在图片、视频、演员挑选上面，都要有精细的功夫。图片不能用商业品牌的广告图片，否则很容易被细心的读者发现是广告。视频素材的选取同理，其创意也尽可能从网民拍客的角度出发。如果要打造人物事件营销，一定不要选择互联网上能够查到资料的模特和小明星。

在挑选素材的过程中应尽量做到自然，并且选取的风格应努力贴合目标消费群体的喜好。

2.文案撰写

文案撰写分为标题、正文和回帖3个部分。标题对内容的热度起50%的决定性作用，尽可能起网络体的标题。正文的行文要自然，从网民角度来分享故事，切记行文应自然，不要被读者看出广告的痕迹。事件行销的文案一定要有焦点，能够在结尾抛出问题，给网民参与互动回答问题的机会。回帖内容是绝大多数事件营销策划者都会疏忽的内容，殊不知，有深度和黏性的回帖讨论才是形成网络热帖和“高楼帖”的充分必要条件，因此，每一位文案创作者都不应该忽略回帖互动的重要性。

3.效果监测

网络文案发布后，要及时保持紧密的监测。内容监测可以保证我们的文案按质按量得到发布，保证其表现形式能够吸引到网民；媒体监测可以帮我们准确判断事件营销成功的可能性，是否能够吸引媒体关注，是否能够引发网民讨论；舆情监测可以帮我们了解到网民对该事件的关注点是什么，传播话题是否按我们的预期推进，是否需要调整话题。

4.快速反应

网络是一把双刃剑，稍不小心便会割伤自己，最糟糕的事件营销不是不成功，而是对企业的形象起到负面作用。当发现舆情危机，要快速调整策略方向，避免危机产生。如果通过监测发现新的营销机会，一定要快速把握，也许这个新的营销机会才是事件营销成功的核心元素。

前文中说到，事件营销的成功有很大程度上的偶然性，几乎95%的事件营销都在执行过程中流产，目前，80%以上的事件营销都是在自发的网络热点产生以后，迅速跟进热点话题进行传播，最后形成事件营销的结果。

举一个成功网络事件营销的经典案例。2017年年初，一张以捂住半边脸的陶俑配字“你竟敢打我”的表情包风靡全国，引发各路网友的热议。于是，在短短几天之内，各大博物馆内的文物都被制作成了各种各样的表情包，更有故宫博物院、南京博物馆等官方微博发出的馆内文物制成的“官方表情包”，让网友们在捧腹大笑之余使各大博物馆成为热门景区。随后，不少年轻网友因此来博物馆观看文物，“文物表情包”这一事件无疑为博物馆的文物做了宣扬与向导。

借助网络热点打造事件营销是否百发百中？其实也并非如此。同样是在2017年，“吹头小哥”这一事件营销则成了一个业界公开的笑话。

一位网络红人“吹头小哥陈飞雄”的“意外”走红成为各大网络社交平台一段时间最热门的事件。其起因是一位女性到理发店剪头发，为她吹头发的服务生长相十分精致，这位女性把其照片发到微博上，一小时内转发量超过2万，网友纷纷评论“小哥哥太好看啦”“完全日系颜”“小哥哥开全球巡洗吧”等。

当晚，这位“吹头小哥”在此女性的帮助下开了一个名叫“我只会吹头”的微博账号，其首条微博“谢谢大家，我还不太会玩儿”转发量高达14万，粉丝数更是在一晚之内达到了40万。事后，很多网友猜测，“吹头小哥”的走红是一次事件营销行为。

不久后，八组兔区扒出这位“不太会玩儿微博”的“吹头小哥”实际上前后多次整容，并不是“不谙世事”的“纯天然”，证实了这次行为确实是一件事件营销行为，最终不欢而散。

事件营销成功的秘诀——造势

借势是事件营销的一个最常见的操作，但公众事件的发展往往会与企业营销的目标出现差异。

突发事件因其不可预知性和破坏性，成为新闻焦点是自然而然的，但那些由企业自己策划的事件，又是如何成为大众关注的焦点，且达到较高的关注程度的？这些都将直接影响到企业事件营销目标的实现。

造势是面对突如其来的事件，将其善加利用，让形势变得更加有利于自己，形成独特优势的过程。

造势是为了吸引眼球，是形成媒体聚焦的一个必需的前提。

造势是对借势操作的一种再强化，可以说，造势的过程，就是营销者因势利导的过程。

通过造势，让不可预知的事件朝自己有利的方向发展，同时，造势也可以强化事件的关注度，通过对事件的掌控，塑造良好的企业形象，从而占据消费者心智，形成有效的提醒及联想。

在由企业自己制造的事件中，造势还有一个重要目标，就是吸引消费者，提高消费者参与讨论的热度和积极性。如在网络中著名的“贾君鹏，你妈喊你回家吃饭”口号，以及今日网络中流行的“直男不擦防晒霜”话题就是典型的造势。

通过造势吸引越来越多的参与者，从而达成企业营销目标。如果企业在事件营销中没有形成热点，参与者稀少，就可能出现“只有事件，没有新闻”的情况，事件营销就可能被众多信息所湮没，不能发挥应有作用。

成功的造势，可以让平淡无奇的事件成为众人瞩目的焦点，让消费者不由自主地卷入，而正是这种自发和自觉的卷入，为事件营销的成功奠定了基础。

事件营销的运作——顺势

突发事件对市场上所有竞争者的影响都是同样的。有的企业能在第一时间做出反应，而有一些企业则对市场变化缺乏敏锐，迟迟不能做出反应，以至于错过及时调整经营方式的最佳时间，只能被对手远远地抛在身后。

汶川地震发生后，当时的红罐王老吉凉茶在第一时间宣布为灾区捐款一个亿，同时还宣布在所有的销售网点，每卖出一罐王老吉，就为灾区捐出1角钱的承诺，从而使得王老吉的市场始终与汶川灾后的救助捆绑在一起，顺势而为，大大强化了红罐王老吉的知名度，也为王老吉在市场上迅速走红提供了绝佳的机会。

而同时，其他众多的饮料品牌在这一公众事件面前的反应就完全不能与之匹敌，市场的竞争格局从此也就大大不同。

事件营销，无论是突发事件营销，还是企业主动策划的有目的的造势，当事件演变成公众事件后，企业的掌控力就会下降。而当企业不能完全掌控事件的最终走向时，就要求企业在实施事件营销策略时，必须顺势而为。只有顺势而为，才能借事件发展为企业造势，才有可能带动消费者的高度卷入，事件营销才有成功的可能。否则，就会因为企业对事件的掌控力不足，导致事件营销策略的失败。

顺势而为，需要企业对事件的发展有良好的预判能力，能够对事件的发展轨迹有一个清醒的认识，并且还要能对公众参与的情绪有基本的把握。

顺势是建立在对外界反应的准确把握上的，并不是随波逐流，更不是在失去掌控后的一种放任。简言之，顺势而为在企业营销策略中，并非一种真正的被动，而是一种尊重事物发展规律的主动适应。

事件营销的抓手——卷入

提高消费者的卷入度，是保证事件营销成功的重要抓手，卷入度的提高是高度依赖于新闻事件传播的深度和广度的。

事件营销的成功，在于消费者的广泛参与，参与的热度又依赖于事件的传播力。事件的传播力，关键还在于事件对公众利益的介入程度，介入程度越高，则事件的传播力越大，相应的公众卷入度也就越高。

在传播学中，最具传播力的事件，同时必然也是公众最为关心的事件。在海量的信息中，公众只关注与自身利益相关的信息，可以说，对信息的吸收是公众有意选择的结果。公众对自身利益的关心，也使得公众充当了更为广泛的事件传播者，这也就导致越是公众关心的话题，该事件信息的传播就会越快，传播范围就会越大，公众在事件中的卷入程度就会更深。反过来，随着卷入程度的加剧，事件营销的传播力就会更大。

在现实中，事件营销可以有多种不同的表现形式，但万变不离其宗，都是通过消费者在具体事件中的卷入来吸引消费者的注意力。事件营销能够在消费者的瞩目中，巧妙地引入企业的营销元素，强化消费者对企业产品和服务的认知，同时通过消费者对自身利益的关注，提升消费者在消费过程中的满足程度。

事件营销中的借势、造势、顺势，都有一个共同目标，就是提高消费者的关注度和卷入度，让消费者变被动为主动，成为事件的参与者。

“文案+事件”营销攻略

企业在进行“文案＋事件”营销时，有哪些需要注意的地方呢？在此为大家整理了几个小攻略（图9–2）。

拒绝盲目随波逐流

企业不能因为其他企业获取了红利，就盲目进行复制，一定要考虑营销方式是否符合自己，成功的企业是否为同行，根据自身情况分析是否能进行营销活动

符合新闻内部规定

企业所进行的“文案+事件”营销与新闻是挂钩的，所以在进行的过程中，需要企业遵守新闻内部规定，才能给消费者一种权威和可信的感觉

必须具有关联效应

策划时，需要选择能与企业自身品牌关联起来的事件，若强行关联，并不会起到促销营销的效果，反而会降低企业品牌在消费者心中的形象

图9-2　文案+事件营销攻略

撰写事件营销文案的策略

企业要打动消费者，实现营销目标，首先要从消费者关心的事情入手，这是事件营销的重要前提。下面具体介绍事件营销运作的策略。

事件营销的文案撰写策略大致能够分为以下4种类型：借助势气、借助明星、赞助体育、借助舆论。

1.借助势气

所谓借助势气，指企业及时抓住消费者所关注的人物、新闻、事件，与产品结合在一起，从而展开一系列相关活动。

例如黄晓明和杨颖的婚礼，借着“AH”大婚，无数商业大亨都开始大做文章，一时间涌现出无数企业产品的营销号借机发表文章。

2.借助明星

前文中也提到，明星是现如今最能引起大众关注的一类人群，而且粉丝众多。若企业能借助明星的名气，大大吸引到他们的粉丝，就能为企业产品或品牌造就声势。

例如，因电视剧《古剑奇谭》而走红内地的大师兄陈伟霆，代言腾讯旗下某款手游，并且以“威廉学长”的虚拟形象入驻游戏。不少玩家为了陈伟霆而去下载手游，极大地吸引了粉丝群体，为这款游戏增长了人气。

3.赞助体育

体育行业是大众所关心的行业，且体育赛事也是很好的进行广告宣传的载体，能为企业带来很多曝光率，所以不少企业通过赞助球队、冠名赛事来推广自己的品牌。例如，足球盛事世界杯上，耐克和阿迪达斯争先恐后地赞助球队，并且不断发布文案，借此为自己宣传。

4.借助舆论

很多企业已经意识到了可利用舆论策略来达到宣传的目的，如今相应媒体上已经可以大范围、大版面地看到这类软性宣传文案了。

例如，2008年汶川地震中，一只小猪凭着顽强的生命力，虽然从150kg瘦到了50kg，但依然坚强地活了下来，被称为“猪坚强”。而后，以“猪坚强”的细胞克隆的宠物小猪便盛行了起来。

大事件营销的误区

由于营销理念、营销实践和执行力等方面的欠缺，不少国内企业在参与大事件营销中仍有较多失败的案例。世界奥运营销大师麦克尔·佩恩针对北京奥运会中国赞助商的表现评价道："中国赞助商中，那些有创意、有水平、真正能够在奥运营销史上留下一笔的作为寥寥无几。"

经过调查和研究发现，国内不少企业在大事件营销过程中存在着五大误区，影响了大事件营销的效果。

误区一

很多企业在策划事件营销活动时，会有以下几种想法：如果事件影响的不是企业的目标客户群，企业就不应该赞助；如果事件与企业品牌形象不吻合，企业就不应该赞助；如果企业品牌形象比赞助事件更强，企业就不应该赞助。但实际上，赞助大事件一定会为企业带来利益这一点本身就是事件营销当中最大的误区。

大事件营销具有较广的影响面，需要企业动用特殊的营销资源。长久以来，不少国际大品牌，如可口可乐、资生堂、阿迪达斯等都采用这种营销手段，而它们的成功案例也表明借助大事件营销可以为企业带来独特的价值。

企业赞助某大事件和利用营销工具进行权衡时，可以从4个方面进行考虑。

首先，要评估赞助对目标客户群的影响程度。更重要的是，赞助事件是否能够有独特的机会影响消费者，而且要保证所赞助的事件是一般媒体提供不了的。

2005年，丰田集团赞助爱知世博会，通过在丰田企业馆内的机器人高科技表演，向近300万游客展示了丰田的技术实力，增强了消费者对丰田的好感和认可度。而且丰田建造的场馆得以长久保留，成为最佳的品牌展示点。这些宣传机会是丰田赞助爱知世博会得到的独特机会。

其次，要判断赞助对象与企业品牌的吻合程度如何，品牌信息如何通过双方的联系有效地传达出去。每一个大事件都有其品牌特性，当一个大事件的品牌特性与企业要树立的品牌形象一致时，企业才可以借东风。

例如，世博会的品牌特性是“创新”，因为每一届世博会都展现了人类在科技、文化、经济等方面的最高成就和最新发展，人们将世博会与“创新”紧密相连。如果一个企业想树立创新企业的形象，那么世博会就是一个绝佳的舞台。

再次，要评估赞助事件品牌形象的影响力，将企业品牌和事件品牌联系在一起是否可以创造“溢出”效益。

最后，要从定量的角度评估赞助大事件的投资回报。由于大事件赞助往往需要巨额赞助费，再加上后续的市场营销投入，因此企业必须系统性地评估回报，包括品牌提升、总销量的增长、新产品销量的增长等。

误区二

有些企业认为，大事件营销是孤立的营销行为，与企业的阶段性业务目标和营销策略没联系。在大事件营销上，企业应该认识到大事件营销是企业整体营销的组成部分，与其他营销活动相比没有什么不同，都应该为实现企业的整体业务目标服务，应该与企业的阶段性业务目标和营销策略相吻合。

在此，以三星集团的营销模式为例。三星在20世纪90年代的主要目标是让三星品牌在全球范围变得家喻户晓，成为世界顶级品牌。三星把事件营销作为营销的一种重要手段，赞助了1998年冬奥会，并推出了一系列宣传活动，强化其全球品牌形象。自2000年以来，三星的目标是加快实现业务本地化，加强在重点国家及地区的销售。为配合这一营销目标，三星赞助了2008年北京奥运会，其营销方案的核心是提升三星在中国市场的品牌形象，创造商机，促进销售。

误区三

由于大事件能带来多重商业机会，可以通过大事件营销实现多个子目标，包括增强企业的影响力，提升品牌形象，促进产品销售，增进与相关利益方的关系，以及增强企业内部的凝聚力。三星通过赞助奥运会树立了全球品牌形象，让不少知名企业认识到了大事件营销的独特价值，但也由此造成了某种误解，认为大事件营销的主要目的就是帮助企业提高知名度。

但事实上，企业借助大事件进行营销的原因很简单，因为大事件往往能带来多重商业机会。同时，企业赞助大事件往往需要较大的投入，只有实现多重目标才能获得满意的回报。大事件营销除了为企业提高知名度，更加重要的是促进产品的销量。

以可口可乐的大事件营销为例。可口可乐在奥运会期间，围绕奥运所传导的体育精神，设定了4个营销子目标：

（1）奥运期间实现销量增长。

（2）重点针对青少年群体，提升品牌在青少年消费者中的认知度。

（3）扩大可口可乐在全球的影响力，同时向消费者传递充满活力、向上的品牌形象。

（4）建立“地地道道本土品牌”的企业形象。

由此可见，可口可乐并不追逐知名度，从其第一个子目标就能够看出其终极目标是促进销售量。同时，可口可乐的营销理念中更加专注于站在消费者的角度进行思考，树立了积极向上的品牌形象，让消费者记住了这个品牌的精神。

误区四

不少企业认为，想借助大事件的热度，一定要在大事件开始后才能够实施事件营销计划。但实际上，当事件发生时再做计划为时已晚，因此，各大企业应当结合事件的阶段性和不断变化的公众兴奋点分阶段实施大事件营销，并且为大事件的发生做好随时应对的积极准备。

在大事件正式发生之前或之后，通常有较长的时间供赞助企业开展营销活动。由于目标受众在不同的时间段对大事件有不同的认识和期待，赞助企业应结合事件本身的阶段性和不断变化的公众兴奋点分阶段实施。

同样以2008年可口可乐集团赞助北京奥运会为例，可口可乐通过三个阶段演绎其整体目标，基于进一步提升在中国市场上品牌影响力的总目标，可口可乐将奥运营销分为三个阶段："自豪、祝福""关注、参与"和"庆祝"。

在"自豪、祝福"阶段，公众的兴奋点是沉浸在申奥成功的喜悦中，可口可乐在第一时间推出了"金色的喝彩"纪念罐，将品牌与奥运紧密结合，提升品牌的影响力；在"关注、参与"阶段，公众随着奥运会临近，渴望参与奥运，针对此，可口可乐设计了"爽起来"营销主题，通过奥运明星营造热烈气氛；在"庆祝"阶段，公众的兴奋点是为金牌运动员喝彩，可口可乐为此推出了以"欢庆"为主题的营销活动，比如邀请奥运冠军举办畅爽地带金牌典礼。

这样的营销方式从奥运会开始前就已经预热，其理念与营销活动贯穿整个北京奥运会，成为一段时间之内消费者讨论的重点。

误区五

很多企业错误地认为大事件营销需要有独特的营销渠道资源，如VIP门票、使用事件会场的权利、与其他赞助商的合作关系等，但实际上，这样做只会使更多的消费者被拒之门外。

如果企业能够将常规营销渠道（广告、促销）与大事件特有营销渠道充分结合，就能够达到事半功倍的效果（图9–3）。

图9–3　常规渠道与大事件特有营销渠道相结合

这也就意味着企业应当充分利用大事件特有的营销渠道资源，制定独特的营销方案。例如，利用赞助所获得的权利开展营销活动，向重要客户赠送门票；或者与其他赞助商结成伙伴关系，共同销售产品、服务。其中最为经典的营销案例为：2002年的盐湖城冬奥会上，VISA利用自己获得的赛事门票权益，向其客户推出了冬奥会赛事抽奖活动，只要是VISA卡的注册用户，刷信用卡就可以参加冬奥会赛事门票抽奖活动。VISA将企业自身权益和促销活动巧妙结合，促使消费者多刷信用卡进行消费。

第10章

让文案再飞一会儿
——多渠道文案推广

由于互联网时代的发展十分迅速，文案的推广已经不再仅限于电视、广播、报纸、杂志等传统媒体，微博、微信等新型媒体已成为各个品牌商、电商最喜爱的营销与推广平台。

“让文案飞得远一点儿”——网络推广的作用

对网络推广的理解，每个人都不一样。毕竟，网络推广包含很多内容，其作用并非一朝一夕就能完全理解。在某种程度上来说，对网络推广的理解层次决定了网络推广的结果，这一点相信有相关经验的人都知道。

我们完全可以从下面的案例中了解对网络推广的理解层次与推广结果的关系。

推陈出新的网络推广

现如今，很多营销新手对于网络推广的理解可能止于表面，例如一味地利用QQ群消息或者微博发帖大肆地进行广告轰炸，抑或在各个论坛进行病毒式的广告发帖等。但是这些方式往往都过于流于表面，不能够真正达到营销的目的以及推广的效果。有经验的网络营销人员一般不会轻易采取数量取胜的方法，大面积投放推广的文案，虽然这样做会使得产品的曝光率增加，但是病毒式的营销方式会使消费者产生厌烦的心理，对于重复看到的信息产生抵触情绪，不利于营销推广。

在适度推广方面，王老吉品牌就做到了“点到为止”。在前文中已经提到，在汶川地震期间，王老吉的捐款营销方式就是一次适度的网络推广，收效非常好，也使得王老吉从一个默默无闻的产品一跃成为全国知名品牌。

当然，营销推广的具体方式也需要结合产品的需要而做出决定，照搬照抄同一种推广方式不一定能够获得成功。

对于一些细分的网络推广方式，也可以有不同的推广层次。正如前面所说的大事件营销模式，普通的事件营销绝不可能产生如此强烈的效果和震撼力，但是当通过这种营销方式实现更高的层次与境界，我们就会发现，普通的网络推广方式也能够达到营销推广的大目标。

同时需要注意的是，一些惯用的网络推广方式被网络营销人员发挥得淋漓尽致，自然也能够让网络推广成效卓著，但如果使用的方式过于老套，那么网络营销推广自然也就达不到我们所预期的效果了。

由此可见，推陈出新具有十分重要的作用。作为一个网络营销人员，如果不能够将网络推广方式进行创新，则在遭遇市场新变化的时候，自然会被市场所抛弃，同时也无法为企业带来更大的利益。

网络推广不能够一蹴而就，无论做得好还是不好都应该只争朝夕、推陈出新，并付诸有效的行动。当然，对网络推广的理解层次也应适当重视，这关乎网络推广最终的结果，如果没有对网络推广的作用以及方式进行深入的了解，则无法将网络营销推广真正付诸行动当中。

网络炒作对推广的影响

网络炒作是品牌或者企业通过网络引用或制造一个事件、热点、人物等引起网民的共同关注，实现企业品牌、产品等知名度大幅提升的一种网络手段。当今有不少企业通过这种网络炒作方式来提升自身形象，促进产品销售。

不少网络营销人员通过网络炒作的方式，用一些夸大、虚构、推测事实的手段、技巧，对个人或者产品、理念等进行刻意的宣传，并吸引媒体报道，借机提高品牌、企业在用户中的曝光率。

进行网络炒作的最终目的是提升企业、产品的知名度，最终获得经济利益。因此，这就意味着网络营销人员要能够灵活地运用多种不同的营销推广方式：软文推广、博客推广、论坛推广等。而在运用网络炒作时，需要做好完整的谋划，预测在推广活动当中会出现的各种可能性。由于网络信息的传递速度迅猛，加之流量较大，如果网络炒作痕迹过于明显，或者没有能够把握用户的“点”，很有可能会前功尽弃，并且对品牌和企业都造成巨大的负面影响。

网络炒作之所以受到众多品牌以及营销团队的青睐，是因为以下几个优势：

（1）利息少，效果显著。

（2）传达速度快，传达范围广。

（3）互动性强，参与性高。

（4）口碑宣传速度快，导向性强。

网络炒作的方式

网络炒作因其低成本、高回报的特性而成为众多品牌线上销售的主要手段，网络通过以下几种形式来进行炒作：

（1）话题炒作。话题炒作是网络炒作的一种方式，它主要是以话题为载体，利用网络中热门话题来吸引媒体以及广大网民的关注。例如“杭州剪头小吴接广告”的话题一度进入微博热搜前三名，从这个话题就能够看出炒作的痕迹。

（2）新闻事件炒作。新闻事件的炒作其实也就是利用舆论热点来人为制造新闻关注点、舆论热点、民众关注事件。新闻事件的炒作必须保证新闻事件的爆点性和醒目性，以及群众的讨论积极性。

新闻与其他话题不同，新闻需要吸引的不只是网民的关注，更重要的是需要在得到众多网民的关注后能够吸引其他媒体的眼球。不论是电视媒体还是网络媒体，只要有了媒体的关注，那么所制造的新闻就算是成功了。

（3）概念炒作。对于概念炒作其实并没有一个明确的定义，作为网络炒作中的一部分，概念与事件炒作一直都是并行的。概念炒作并没有实际的话题、新闻作支撑，而是根据网民关注度以及认可度高的概念与事件相结合，设计相关话题以及创意，以引导舆论走向，从而有效地、最大化地通过网络媒体大幅提升品牌、企业的形象以及商业价值。

（4）论坛炒作。顾名思义，就是通过在论坛发布炒作的热点及事件。例如凤姐的炒作事件最开始也是通过在论坛发帖，虽然引起网友的热议及不满，但是这篇帖子也博得了非常高的点击率，并被疯狂转载，将此事件推向了高潮。

论坛炒作一定要选择拥有自己潜在客户的论坛，必须选择人气非常高并且具有权威性的论坛，如果网络营销人员运作合理，就能够使利益最大化。

与传统的营销推广手段相比，论坛炒作的受众传达度和关注度以及带来的效果比普通手段要更加有效，这也得益于网络信息的飞速发展，现在，更多网友以及专业人士会在论坛中成立目标性强的圈子。

（5）内幕炒作。内幕炒作是指通过对行业内部情况的夸大、包装，从而达到吸引眼球与公众注意力的效果。一般来说，内幕炒作的基本操作方法是披露事件的一些内幕消息，经过一段时间的传达和信息消耗后，团队再主动出面来澄清事件或者表明事件的处置结果与真实情况，以达到事件扩大化或者事件翻转的效果。就内幕炒作而言，需要网络营销人员能够灵活地处理突发事件，并且能够快速赢得受众的关注，从而达到炒作的最终效果。

微博营销

在微博上做营销，需要先搞清楚微博这个社会化营销平台的特点，了解操作微博营销的基本学问。现在不少企业在微博上做营销，但依然是发发消息或者发发广告，没有脱离在社区上或者在博客上发文章的模式，使得用户群体没有能够体验到微博营销与普通营销方式的差异。

实际上，微博本身具备很多特点，它以互动性和即时性为主要特点，同时结合了其他社会化营销的特点。

在微博上进行营销，对中小企业来讲是一个绝好的机会。在互联网时代，企业的品牌行为已经有了变化，依靠资金来争取话语权的门槛已经降低，企业可以通过互联网粉丝行动等方法，快速、低成本地扩大自己的影响力和关注度。但是对于微博营销手段以及机会的把控，还需要营销人员进一步去探究。

微博营销需要哪些知识

进行微博营销时，发布的内容至关重要，如果微博的内容不能够引起受众的关注，或者无法引起受众的兴趣，自然就无法达到营销推广的作用。目前微博营销常见的文案内容有以下几种：

有奖活动、促销信息、新产品通知、公司活动、特色服务、企业文化、知识问答、话题讨论等。

通过众多成功的微博营销案例能够得出结论：不做赤裸裸的产品广告、增加信息的可读性、寻找精准受众并开辟专门信息发布通道是微博营销中最重要的三个注意事项。

同时，在进行微博营销的过程中，以下几点基本知识，能够更大化地促进受众阅读信息。

1.关键词和话题

现在，不少进行微博营销的企业还停留在用有奖活动聚集粉丝的初级阶段，这些企业应该明白，用这样的方法聚集来的粉丝不能算精准受众。搜索关键词和话题是更多受众的偏好，找到对一些特定关键词和话题有兴趣的受众则需要微博营销人员能够将关键词以及明确的话题体现在微博当中。

2.与用户互动

一些企业微博营销的通病，是只发布信息，不与受众交流，这样就会使热情高涨的粉丝失去激情。2008年美国总统大选中，奥巴马用微博作为参选工具，一般人只了解他的竞选团队用微博发布行程的行为，但是对竞选团队对所有访问者都一一进行主动追踪回复却不甚了解。总统竞选对回复访问者都会如此耐心和细心，更不用说企业做微博营销了。

3.链接共享

现在各大门户网站都在启动微博，谁能够引进更多带有互动特点的技术，谁就能够受到用户的欢迎，在竞争中争取到更多的用户。

企业营销要注意发现这样的技术特点，比如新浪微博的链接共享，就可以通过微博信息中的链接，有效地增加企业网站和企业博客的流量。企业在发现这样的特点以后，就需要增加微博信息的阅读量，加大信息在受众阅读过程中的诱惑。

4.多角色参与

新浪微博和其他一些门户网站的微博已经具备以下功能：转发、组建群组、可链接、可搜索、可评论、话题讨论、活动组织……许多社会化媒体的传播特性全部集中在一个平台上以后，就能让每个人都可以以多种角色参与进来，并且轻易完成角色转变。

用户在微博当中能够扮演的角色既可以是作者，又可以是读者，既可以是评论者，又可以是话题的创建者。每一个用户都有可能成为渠道链接者，都有可能成为圈子和群组的召集者和组织者。

与此同时，每一位用户在转发的过程当中又是信息的传播者，或者是一个活动的创意者和实施者。重要的是，用户能够在这些角色中自由切换，十分方便。

许多企业已经意识到组织这样的角色的重要性，他们或者是培训自己的员工，或者是在粉丝群中寻觅，逐渐形成团队。

一次好的微博营销活动，不仅在于对微博特点有深刻的理解和把控，还在于营销活动的策划和组织。它们的创意包括话题的选择和导入、高关注的标签的设定、对粉丝参与的多样性鼓励、分层次的升级活动、邀请第三方的加入等。

微博营销方法

现如今，互联网时代已几乎演变成为微博的时代，很多企业和个人都在进行微博营销，并且也都取得了不俗的成绩，这里有几个企业微博营销的经典方法，分享给大家：

1.发布的内容要有吸引力

发布一条新浪微博可以撰写140个字，那么，怎样才能够在内容上吸引受众的眼球，并引起他们的兴趣呢？

首先，我们要明白用户关注某个品牌的微博账号的前提是：他觉得该微博当中提供的信息是有价值的，并且信任该微博当中所提到的品牌和产品。

现在是“网络快餐”时代，与一篇成千上万字的文章相比，更多人愿意看一些简短的内容。微博正是利用了用户喜欢的内容，用精简的语言吸引用户的眼球，并且巧妙运用视频、图片等工具，与用户快速产生情感共鸣。这也意味着，企业或者品牌在运营微博账号之前，要对粉丝有所了解，发现和挖掘他们感兴趣和想了解的内容，结合产品特性，加上一些创意和图片，使微博的内容变得自然、有互动性。

2.发布具有互动性的活动

经常与用户粉丝群体进行互动是保证微博活力的关键，因此企业在进行微博营销的过程中要多举行活动。定期举行活动是微博营销必不可少的法宝。举行微博活动不仅能增加企业的粉丝，还能促进销售，增强企业和用户的互动性。活动的奖品可作为回馈粉丝的奖励，增强微博的活力和转化粉丝用来增加客户的增长速度。

那么，如何才能开展既能聚集人气又能提升品牌的微博活动?

在新浪微博，可以根据平台上面的活动类型，间隔发布微博活动，如同城活动、有奖活动、线上活动等。有很多用户在微博上参与此类互动，每个人都可以点击并且参加活动，操作十分简单。或者，企业可根据产品的特性而选择自制一些特性化的活动类型。

3.掌握用户的阅读时间习惯

在宣传多了产品或者企业信息之后，粉丝也会产生“审美疲劳”。如果运营者能够掌握用户的阅读时间习惯，每天在热门时段发布能描述出粉丝生活、心理状态等的微博文字，就能获得更多人的关注。

企业更新微博频率应该要注意以下两点：

（1）最好每天发布5~10条微博，且不要在1小时内连续发布多条。

（2）最科学的发布时间应该是：上午9：00至9：30；下午5：30至6：00以及晚上20：00之后，因为这些时间段往往是大家刷微博的高峰时间。

企业进行微博营销，目的是打造自己的品牌，把粉丝转化成客户。微博营销根据不同的行业性质也存在很多技巧和方法，微博营销人员也需要在学习中分析、总结，才能对此有更多的认识。

4.利用意见领袖的效应

在微博营销中还能够利用意见领袖效应，也就是权威名人效应。微博营销人员可以根据企业产品的特性，锁定一些相关领域的重要意见领袖，利用或者聘请意见领袖引领、传播企业产品的信息。

另外，近年流行起来的网红博主推广的方式也相当有效，根据产品的类别可以找到对这类产品比较了解的博主来进行试用，并推出推广视频，达到圈粉、引起粉丝购买的目的。

以美妆时尚博主为例，目前一份美妆时尚杂志或者报纸的发行量一天最多有几百万份，微博名人的影响力比线下媒体的影响力效果不知道强了多少倍。如果找这些网红博主合作，并且分享一条与他们有联系的产品信息，效果不言而喻。

微博营销的价值

微博是一个开放的媒体，是一个极具爆炸性的营销平台，它可以作为企业营销的引爆载体，但绝不是微博价值的核心，如果一个企业坚持这种理念，在微博营销当中往往无法真正达到效果。

企业在选择一个营销渠道之前必须弄清楚这个渠道有什么价值，可以为企业带来什么，企业又该如何去开展营销，这就是所谓的营销策略。不懂策略，营销人员在执行过程中就没有方向，效果自然无从谈起。微博营销亦如此，所以搞清楚微博的价值所在，是企业长远挖掘微博价值的前提，也是企业融入社会化营销的必要条件。

1.微博营销的品牌宣传价值

品牌是一个企业长存的基石，同时也是一个企业与其他企业竞争的核心力量。品牌对于一个企业的重要性不言而喻，在微博营销的过程中，如何能够突出品牌价值是每一个企业需要思考的问题。

微博这种媒体平台缩短了用户与企业的距离，使得企业能够走近用户，参与用户讨论，聆听用户的声音，第一时间知道自己的潜在用户在干什么、在想什么。

利用传统广告可以在一夜之间让企业家喻户晓，但是传统广告无法提升企业的美誉度和可信度，然而微博却可以让企业直接与用户对话，让用户感受企业的服务和态度，分享自己的体验。这就是利用口碑营销的效果，良好的口碑传播可以极大地提升企业的品牌形象。由此可见，利用微博开展品牌宣传是一种行之有效的方式。

2.微博营销的即时营销价值

即时营销是基于微博的即时、有效、精准等特点开展直接销售。这是微博最基本的功能，也是很多企业最乐于看到的产出。正是因为如此，很多企业便将销售量设为考核微博营销的KPI（关键绩效指标），但是实际上，这样的设定方式并不合理。

微博可以带来销售订单，这是毋庸置疑的，其中案例不胜枚举。比如，闻乐淘通过微博每月带来上千订单，京东商城在周年庆典时通过微博产生了将近百万的销售量，等等。

微博可以产生销售其实与粉丝关注企业微博的心理是相关的。曾有人做过调查：用户最希望在企业微博上看到什么信息？其中，最新产品、促销、打折信息和企业品牌、服务信息这几项占比达85%以上。特别是那些企业的潜在客户，他们既然知道这是企业微博，那么他们中的大部分还是希望看到与企业或产品相关的信息。

但是，即便如此，企业微博在推送信息时也不能赤裸裸不加修饰地直接做广告，微博文案应该尽量“软”，要以用户可以接受的方式来推送信息。这也对企业微博内容的制作提出了更高的要求，文案创作者在体现产品信息、促销信息的同时，应该做到具有创意，使文案故事化、趣味化，这样用户才会容易接受。

因此，在开展微博即时营销时，在文案方面有几点技巧可以借鉴：

（1）产品推荐、发布促销信息，文案应该故事化、拟人化、网络化、趣味化，忌讳平铺直叙，赤裸裸地做广告。

（2）可以摘录用户对产品或企业的评价作为文案，用第三方口吻，粉丝更容易接受传播。

（3）主动搜索与企业产品或品牌相关的微博信息，进行转发、评论并加以引导。

当拥有一定的忠实粉丝之后，即时营销的价值是很巨大的，特别是对于促销信息的传播。

3.微博营销的客户管理价值

微博这个即时互动的平台已经在很多公司具备了客服功能，中国移动、中国电信、招商银行等企业直接开通了客服专用微博账号，足见客户管理的重要。

微博作为一个自媒体平台，满足了很多人渴望自由发言的欲望，当一个用户对企业或产品有好或者坏的感受时，他们很容易就通过微博传递出来。他们会通过微博咨询、投诉、提交建议，微博的便捷性是电话、邮件无法比拟的。

举一个真实的案例。某企业曾遇到一个用户投诉，由于电话中心处理得不及时，该用户便拼命地在企业的每条微博下面留言，最终，企业迅速地安排客服中心予以紧急处理，因为用户在微博上的举动是开放式的，对于企业形象影响很大。

因此，在微博这个开放透明的平台上，企业要更加重视用户的声音，因为他们的行为影响的远不只是一个人，而是无数人。

微博客户管理的另外一个价值在于寻找意见领袖，让意见领袖来为企业传递声音。意见领袖就是那些乐于为别人提供信息、传播信息的“活跃分子”，他们在小众圈子里有一定影响力，企业如果能够“抓住”他们，对于转化潜在用户和传播品牌非常有帮助。而且，利用微博开展客户关系管理可以及时有效地消除企业危机，倾听用户的声音，培养用户忠诚度，对于增加企业的利润、促进企业的长期良性循环有很大的帮助。

目前利用微博开展客户管理主要方式是处理咨询、投诉和建议，以及开展用户行为调查、开展用户二次营销、提高回购率等。随着微博各项功能的强大，如针对粉丝用户分类之后，开展群发私信，就可以起到类似邮件营销的效果。

总而言之，客户管理价值就是在微博营销过程当中管理好用户的心和口，让他们为企业创造效益。

4.微博营销的公关传播价值

互联网注定不是一对一的传播模式，而是一对多的模式，特别是在微博上，企业开展网络传播就是希望在网民中树立自己的形象和口碑，与网民搞好关系，争取得到他们的主动传播。

微博上聚集了我国50%的网民，加之易传播性，使它成为当代企业开展公关不可或缺的工具。例如，温州动车事件让微博彻底打败了传统媒体，其短时间内让数以百万人在第一时间获得了最新的情况，在传播范围、时效性方面令传统媒体震惊。

从“霸王致癌”事件到“海底捞勾兑门”事件，这两家企业都充分地利用微博开展了危机公关，特别是海底捞，之前名为“人类无法阻止海底捞”的事件营销让海底捞名声大噪，然而之后一篇勾兑门报道让海底捞立刻陷入危机。但是海底捞通过微博，及时地公开详情，用诚恳的态度得到了网民和媒体的理解，让大家快速地了解到事情的最新进展。

海底捞官方微博关于勾兑门事件说明的几条微博均被上千次地转发或评论，通过微博大大地降低了这次危机所带来的负面影响。通过这一事件，不少群众认为海底捞是一个真实的、有态度的企业。试想，如果没有微博，它又怎能在第一时间公开真相，争取媒体和大众的理解呢？

微博的价值之巨大是无法估量的，而企业要做的就是认识其价值，掌握其规律，使它充分为己所用，以上所讲的即时营销、品牌宣传、客户管理等价值基本上涵盖了微博这个社会化媒体的全部功能。

企业要以全局整体的观念，结合自身的需求来挖掘相应的价值。希望借微博开展长远营销战略的企业，必须深入思考这些价值，并灵活地加以运用。

微信营销

当下，微信营销被炒得如火如荼，作为新媒体的从业者，在与别人聊天时，如果没有聊聊微信营销，就像是失去了做媒体行业的资格一样。微信给许多草根创业者带来了希望，同时也给很多传统企业带来了弯道超车的转机。

如何做好微信营销

在媒介和舆论的轮番轰炸下，微信让整个中国市场（传统、互联网）都疯狂了起来，让年轻的创业者看到了希望，让投资者嗅到了商机，让媒体捕捉到了热点。不可否认，微信不仅有很好的社交功能，而且还为我们提供了一个新的营销方式和传播渠道。

现在做微信营销的个人和企业越来越多，微信内部也不断改版，不断淘汰一些“捞票者”，微信由原来的鱼龙混杂，慢慢过渡到了深水区。下面我们就来分析一下微信营销的现状（图10–1）。

1.微信内容主线的定位

纵观当下的微信公众账号，大多企业做的微信内容没有明确

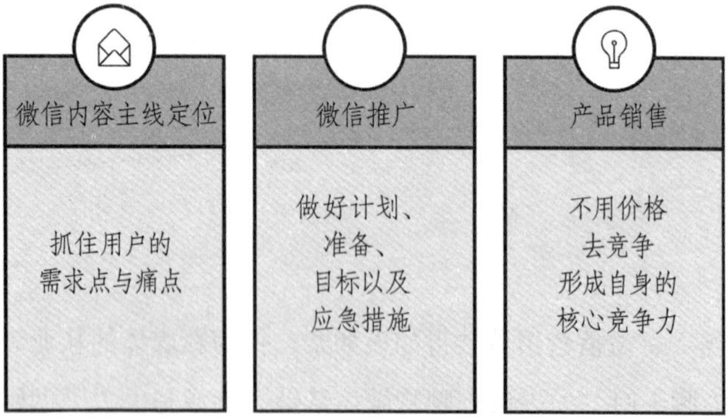

图10-1　微信营销现状

的主线定位，很多微信公众号主要推送一些“心灵鸡汤”、复制一些热门事件和话题，或者直接照搬别人的运营模式。其实，做任何形式的营销，用户都需要我们去培养、去引导。因此，做微信营销之前，我们务必要抓住用户的需求点与痛点。

首先要明确以下几个问题：我们的用户是谁？我们的账号能帮助用户解决哪些问题？用户有哪些共性？……先弄清楚这些问题，然后再有针对性、有策略性地去编辑一些图文信息和组织一些线上活动。

用户的思维逻辑主要分为三个阶段：认知阶段，兴趣阶段，购买阶段。

在第一阶段（认知阶段），我们要想办法让用户在接触到微信公众号的瞬间就知道这个公众号是干什么的、有什么用，其中的内容能帮助用户解决哪些常见性问题。

公众号的文案创作者需要通过简介中的几句话，向用户阐述自己的公众号的作用，在这个信息碎片化的年代里，用户没有太多的时间听我们讲述大段的介绍。

在第二个阶段（兴趣阶段），我们要让用户对微信公众号本身产生兴趣，那么这就要求微信公众账号必须好玩、有趣、能够为用户解决实际的问题。只有这样，公众号的用户才会有黏性，品牌或者企业才能在微信这个平台上把用户沉淀下来。

在第三个阶段（购买阶段），当用户对我们形成了认知，产生了黏性，我们可以适当地搞些活动或者促销，让用户在实际场景中了解、体验我们的产品，进而带动销售增长。

2.微信推广，获取用户

凡事预则立，不预则废。企业商家在做微信营销之前一定要做好计划、准备以及应急措施。

举一个简单的例子：某企业通过微信卖水果，那么他们就要想好如何去开发这个品牌的微信公众号，通过哪些附加值来吸引大批量客户。

假设公众号的目标客户群是白领阶层，那么企业就要设身处地想一下，他们日常生活的场景是如何的，企业又可以为他们提供哪些便利服务。例如：白领们经常会上网买东西，那么企业可以把查询物流的功能导入到企业微信公众号；除此之外，企业还可以把一些查公交、新闻、段子、小游戏等功能导入到微信公众号当中，以此来提高企业微信号的附加值。

开发好微信号后，就要想好需要通过哪些渠道去推广企业的微信公众号，其中，常用的线上渠道包括网站、微博、论坛、

QQ群等。线下的渠道包括推广二维码、派发传单、海报、门店推广等。

获得公众号的第一批粉丝至关重要，因此，企业在推广前期一定要多渠道地去发展粉丝，将线下的用户往线上引导，以这样的方式粉丝增长速度最快、效果最好，用户的黏性也是最强的。

当积累到一批种子粉丝后，一定要维护好现有的粉丝，同时还要激活粉丝的活跃度。这时企业可以适当地搞一些线上游戏，比如幸运大转盘、刮刮卡、小题大做等。其中，获奖者的奖品最好是企业自身销售的产品，这样不但能让用户尝试使用企业的产品，同时还能帮助企业推广产品。在《影响力》一书当中，西奥·迪尼曾提到过，一般用户尝试某种产品后，复购率会在66.2%以上，因为我们让用户免费尝试过某种产品后，用户会产生一种亏欠心理，所以用户在日后有需求的时候自然而然会选你们的产品。

3.用户沉淀，销售产品

微信营销当中，首先需要获取用户，其次需要实现用户黏性，最后让用户在这个平台沉淀，达到商业目的。获取用户不再赘述，将前两点做好，结果就是水到渠成。

只有通过微信和用户之间建立了良好的关系，形成了较强的黏性后，才可能在更大程度上实现商业目的。边交朋友边做生意，这才是社交平台区别于传统媒体或平台的本质。

在销售产品的时候，企业还需要给自身的品牌或者产品植入故事，让用户持续、深刻地记住品牌，这就意味着文案创作人员必须懂得讲故事，只有有剧情的故事才能感动人，才能产生长久传播。

很多企业在做微信营销时，只是简单地发布和传播，并没有想清楚如何去卖，如何让大家记住自己。因此，单纯地卖产品的微商往往被称为三流微商，只有卖故事的微商才是一流的。只有卖故事的产品才能将产品的价值最大化，不靠价格去竞争，形成自身的核心竞争力。

适合微信营销的产品

任何产品都可以做微信营销，但一定要根据产品的特点、行业属性去选择合适的微信营销方式，否则可能会适得其反。

1.大品牌

因为大品牌已经具备知名度和美誉度，所以积累了大量的粉丝以及用户群体。在进行微信营销的过程中，切忌把微信当作广告推送平台，否则目标受众对品牌的好感度会下降。这时应该把微信当作一个互动平台，可以借助微信营销平台上专门为企业设计的活动版块来定期发起活动，如乐推微上的幸运大转盘，以增强粉丝的忠诚度和好感度。

2.个性化小品牌

目标受众为小众群体，或者有区域化限制，产品或服务能和其他品牌形成差异化，这时也可以很好地利用微信。

微信允许个性化的存在，个性化也能依托微信这个舞台得到更长远的发展和传播。除了经营特色、个性的内容，还可以借助微信公众号平台上的自媒体传播力去推广产品和活动。

因为微信公众号能够按内容、区域等分类，相较于其他方式，企业可以轻松地找到精准的目标受众，通过自媒体将品牌和产品信息传播出去，使其得到有效的曝光，提升产品和品牌的知名度，因此，个性化小众品牌也能够在营销舞台中占据一席之地。

3.服务类品牌

服务属性比较强的行业，可以根据企业需求定制专属服务系统，比如餐厅、酒店、电影院等，通过微信公众号可以实现在线预订、查询资讯等功能，这也能够向目标受众提供更完善、便捷的服务，使其享受到更好的服务体验，提升其忠诚度。

每个企业都可以借助微信营销来推广产品，树立品牌形象，但只有找到适合自己产品和品牌的方式，才能实现微信营销效果的最大化。

微信营销有技巧

任何事都有方法和技巧，如果我们在做一件事之前先寻找方法和技巧，就能事半功倍。和其他所有的营销方式一样，微信营销也有技巧，只要我们能找到它的技巧，微信营销并不是难事。

许多微信公众号和营销号都有一个不好的习惯，就是不停地发产品广告，却不去寻找方法突破，看起来非常勤劳，却没有得到良好的回报。大多数关注量较低的微信公众号都只是反复使用官方公众号的营销方式，直接把别人做好的东西拿过来用，毫无创新，自然不会有好的营销效果（图10–2）。

下面就为大家分享一些微信营销的小技巧。

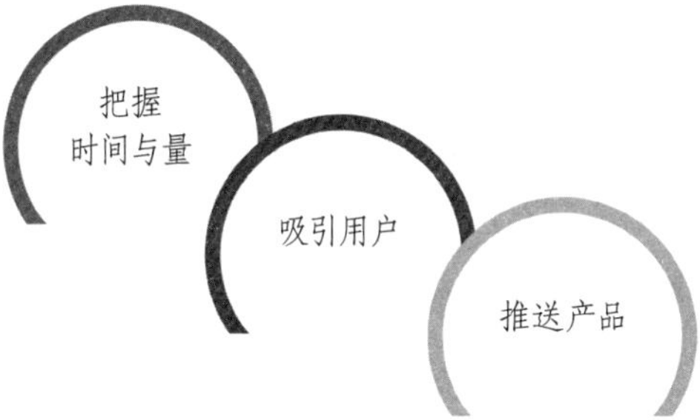

图10-2　微信营销的技巧

1.发送的时间与量

使用微信的人大部分比较年轻，这些人群使用微信的时间大多数集中在早、中、晚3个时间段，企业了解到这些受众群体的作息时间后，在正确的时间，推送正确的东西，就可以大大提高推广成功率。

对于微信公众号营销来说，文章推送的次数需要把控，切忌在一天之内推送次数过多，这样不仅会让受众群体产生反感的情绪，也会让受众群体抓不住重点内容。因此，微信公众号的推送次数要少，这样受众群体才不仅会精准地把握住其推送的内容，而且能够更加关注公众号所推送的其他信息。

2.吸引用户是关键

控制推送次数之后，要想吸引用户，关键还是要依靠高质量的推文。那么，怎样才能引发用户的兴趣，如何才能更吸引用户呢？以下几点可以作为一个参考。

（1）热点话题

和其他平台的文案营销相同，微信营销的文案也要抓住热点话题。想要追随热点话题，就需要文案创作人员随时关注社会动态，利用热点话题进行炒作。热点话题的优点是关注度高，吸引用户眼球；缺点就是热门话题的周期非常短，因此需要及时更新话题。

比如赵丽颖和冯绍峰宣布结婚的消息一度引爆了网络，那么，文案创作者就可以针对这样的热点话题阐述自己的观点。当然，一定要在阐述自己观点与想法之后带出自己的产品，不然借助热点话题就毫无意义了。

（2）利用故事

正如前文所言，微信公众号文章可以利用“讲故事”的方式进行撰写。故事可以是原创内容，也可以是真实的事件改编。只要把这个故事说得生动、有吸引力、活灵活现，做到让用户读起来觉得新颖，就能够获得用户的关注，也能够吸引潜在的用户。

（3）善于阐述

一篇微信公众号文章怎样才能更加使人信服，除了运用以上的手法之外，文案创作者还应当做到善于阐述。例如名为“深夜发媸”的公众号，通过研究该公众号中发布的文章发现，其中的大部分文章就是通过阐述一件事，在描述事件的过程中会有配图，从而自然地带入产品，将阐述的事情与产品联系在一起。看似通过图文并茂的形式在阐述一件事情，实际上已经在无形中将产品植入进去了。

3.推送产品

微信公众号文章中所有的前期设计、布局都是为了引出所要推广的产品。因此，在推送产品的过程中不能让用户反感，而是应当诱惑用户了解并且购买产品。

论坛文案推广

论坛文案，是指发布在像天涯、猫扑、搜狐、网易、新浪等一些综合性论坛上的文字。论坛文案，主要目的也是推销产品。一篇论坛的帖子或文章由“文字+图片”组成，当然也会有视频、音频、Flash之类的元素。

首先，由于网络的特殊环境，论坛文字不需要多么华丽，最重要的是讲出真实感受或者语言描述清楚，甚至可以用一些网络用语。其次，文中插入的图片需要用心去拍摄、挑选。

下面，为大家介绍几种常见的论坛文案的写作方式，供大家借鉴和交流（图10–3）。

1.事件式

事件式是指利用社会热点和网络热点来吸引人们的眼球，从而赚取高点击率和转载率。例如，在热门赛事欧洲杯期间，球迷们熬夜看比赛然后顶着黑眼圈上班是常见的事情，因此，可以利用这个事件为引子，引出人们在看欧洲杯时发生的某些事情，同时隐形地插入和这件事联系紧密的产品信息，这便是事件式的论坛营销文案了。以某论坛热传的一篇帖子为例：

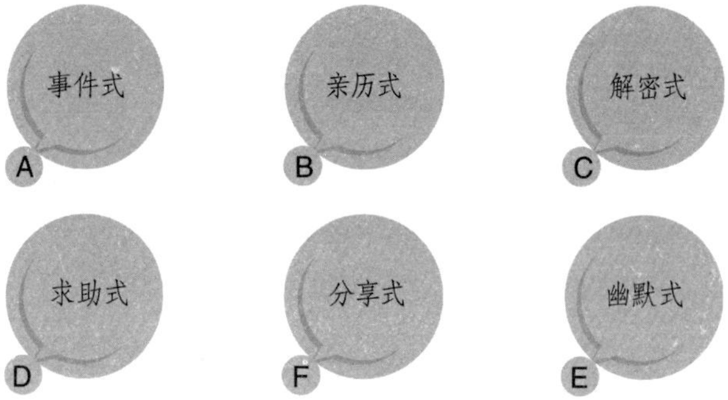

图10-3　常见的论坛文案写作方式

标题：悲催！昨晚看球把舍友的手机给摔了，纠结中。

内容：昨晚的葡萄牙对荷兰，C罗梅开二度的比赛都看了吧？学校晚上11点就断网，可怜我们宿舍几个哥儿们，只能挤在一块儿用舍友的爱疯通过3G网络看直播！结果正看到精彩的时候，哥虎躯一震，把爱疯给拨地上去了。当时就黑屏开不了机了，质量真差！还好舍友是高富帅，也没说什么，而且还在保修期，不过我这心里就一直在纠结啊。今天舍友把手机送维修点去查了一下，说要返厂维修，至少要一个礼拜！今晚我们就没球看了！急需一个大屏3G手机看球，否则我晚上准得让他们弄死，买个啥合适呢？预算两千，二手的也成！

紧接着，在帖子的回复中出现了很多推荐手机的“网友”。其实这就是某3G手机的营销文案。

2.亲历式

亲历式的文案写作方式在论坛中十分常见，也就是利用第三者的身份，讲述身边朋友真实的生活故事和体验效果的文章。

标题：我朋友今年32岁，江西人，患白癜风有一年了

内容：我朋友今年刚刚32岁，这几年靠做生意为生，日子过得平淡却很幸福，但上天就是这样不公平，让灾难降临到这个平淡的家庭。一年前他出去进货，不小心出了事故，手部受了重伤，后来伤口痊愈留下了伤疤。可没过多久，伤口的疤痕处长了几个小白斑，白斑有黄豆般大小，又不疼不痒的，再加上生意繁忙，他就没有在意。一个月以后，我朋友发现手上的白斑不但没有下去，反而又扩散了许多，他立刻到附近的医院检查，谁知被诊断为白癜风。

于是，这几年我朋友踏上了治疗手部白癜风的征程，去过很多大医院，也用过不少药物，病情就是不见好转，他心里很着急。后来在和客户聊天时，得知×××医院治疗白癜风效果不错，而且还有很多白癜风的康复案例，于是我朋友就来到×××医院接受治疗。

这就是亲历式论坛营销例子，虽然这种文章明显是广告，但是赚取的点击率也不少。所谓周瑜打黄盖，一个愿打一个愿挨，只要有需要，人们肯定会点击浏览。因此，这也是广大营销人员常用的推广方式之一。

3.解密式

解密式文案是以专业的态度或者个人独特的见解，对产品进行客观的解剖分析，不仅能够解答网友的片面性观点，而且能让受众从多个角度认识以往接触的信息。例如，一个试管婴儿网的论坛文案。

标题：试管婴儿跟常人所想是否一样？

内容：主要是讲解普通人所理解的试管婴儿的误区，再讲述真实的试管婴儿知识。

这类文案就像是产品说明，可是又比较口语化，能真正帮助需要的人获取有用的信息，让人有一种信服感。感兴趣的人就会点击宣传网页来获取更多信息。

4.求助式

求助式文案阐述事情经过，直接提出问题，需要大家帮助，内容中自然地植入产品名称。

5.分享式

分享式文案以快乐分享为主，分享体验效果，能够给网友一定的信息价值。例如下面的论坛文案：

标题：有没有人用过×××××啊，真是超给力的！

内容：前几天在网上买了×××××，很快就寄到了，真是好用啊！有谁用过吗？我不是做广告哦，纯粹无私分享。

这种方法在美容化妆服装上用得比较多，女性群体比较喜欢从别人的分享中获得更多信息，虽然有些文案明显是广告，但总比没有分享产品信息的靠谱，如果文案写得好，更多的人会有一种想尝试的心理。

6.幽默式

幽默式文案以轻松、搞笑、有趣的方式表达，能够博得网友会心一笑。最具代表性的还是网络上热门的病毒营销事件“杜甫很忙”，这个话题让网友在参与改图的过程中获得乐趣，也让围观的网友记忆深刻。

论坛文案的内容越新，点击的人就越多。一个产品，由于消费者的层次不一样，网络语言的接受方式也不同，因此，要从不同的角度和方向去进行推广。

所谓“条条大路通罗马”，我们需要独辟蹊径，从大家平时没注意到的细节、独特的角度，发表自己的独到见解，才能吸引眼球，达到营销推广目的。

KOL营销推广

关键意见领袖（Key Opinion Leader，KOL）是营销学上的概念，通常被定义为：拥有更多、更准确的产品信息，且被相关群体所接受或信任，并对该群体的购买行为有较大影响的人。在信息不断发展的今天，KOL也能够代表在其领域有号召力、影响力和相当公信力的账号，这一类账号可以是真实的三次元名人，也可以是二次元形象，甚至可以是一种兴趣爱好。

现在，有许多企业选择用KOL营销模式来为自己的产品做推广，这样的营销模式有利有弊。

关键意见领袖连接大众传播

关键意见领袖具有连接大众传播与人际传播的功能，更能构建维护社群，具有权威性。

为了让产品更好地贩售和销出，时下企业十分流行运用KOL营销方式进行产品推广。这种营销方式受到用户的普遍喜爱，同时，在这种营销手段之下，用户对商家的产品会得到更深入的了解。因此，不管是对商家还是用户来说，KOL营销都是一种很好的推广方法。

KOL营销策略

在进行营销时，需要塑造的不仅仅是关于产品品质的内容，而且需要树立自己值得信赖的形象。那么，KOL营销需要如何建立有效的策略呢?

1.做好目标群体定位

KOL营销要想获得成功，首先需要知道品牌的受众究竟是谁。对目标群体的定位越准确，就越容易找到相关的KOL。定位目标群体是运作KOL营销的第一步，有了精准的目标群体的定位，我们才能制订下一步的营销策略。

例如，日常用品的广告主，比如卫生纸、洗衣液类的产品，逐渐开始根据不同的目标群体区分他们的产品市场。这就是为什么很多商家会创建受众范围，专注于不同的细分领域。

在KOL营销中，商家应当明确自己面对的是什么样的群体，例如，产品面对的是偏好质量的群体或者是追求高端的群体。

2.筛选最合适的KOL

企业进行KOL营销的主要目的是为了扩大与产品或服务相关的内容的覆盖面，简单来说，就是扩大受众群体，挖掘潜在的受众群体。

消费者非常信任KOL，也会接受他们提供的建议，因为KOL是在某个话题或领域中最有影响力的思想领袖。因此，如果我们想进行一场成功的KOL营销活动，就需要找到能够使目标受众信服、喜爱的关键意见领袖。

在选择KOL时，我们需要考虑以下几点：

（1）圈子：谁是同类型品牌的产品圈子里口碑较好的KOL？谁经常创作与该产品类型相关的内容？

（2）流量：这个KOL有多少浏览阅读量，点赞率、互动率如何？

（3）更新内容及频率：这个KOL最近发布了什么内容？多久发布一次内容？

（4）内容：KOL内容的质量怎么样？可以用来做二次宣传吗？

（5）平台：我们应该在什么平台进行产品推广？微博、微信公众号，还是爱奇艺、优酷等视频网站？

在营销过程中，产品定位和目标受众越精确，就越容易找到最合适的KOL。那么如何找到KOL呢？一般情况下，可以通过以下三种方式寻找合适的KOL（图10–4）：

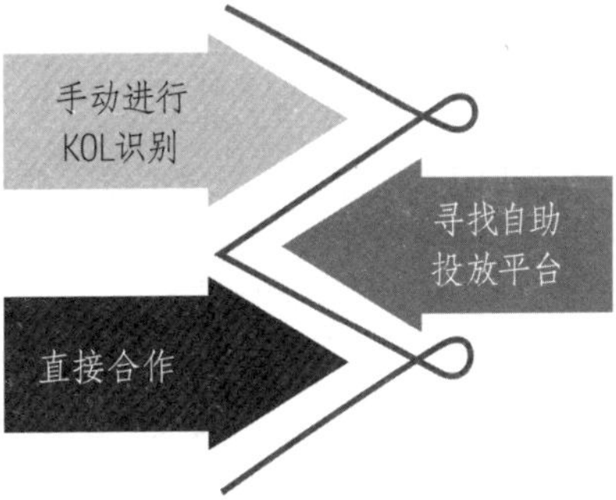

图10–4　寻找合适的KOL

（1）手动进行KOL筛选。首先，通过百度等搜索平台进行搜索，或者直接到微博、微信公众号上打标签，筛选出来一些合适的企业、产品及定位的KOL；其次，逐个点进主页看他们的流量数据；最后，选择最合适的KOL，并给他们发邮件、发私信，邀请他们进行合作。

手动进行KOL筛选的方法，优点是节省成本；缺点是费时、费力，收到的回复率低。

（2）直接与中介公司合作。当前市面上衍生出各种接洽KOL代言的中介公司，并且会帮助企业、品牌做好全程策划。与中介公司合作，优点是省时，缺点是成本高、费钱。

（3）寻找自助投放平台。因为KOL营销越来越常见，也有一些平台会提供自助投放功能，在平台下单后会有KOL自动接单。自助投放的方法，优点是省时省力，缺点是不能确定接单的KOL是谁。

3.听取KOL的意见和建议

KOL可以帮助我们制订营销计划，告诉我们什么样的内容最能吸引粉丝的目光，最容易让他的粉丝转化为我们的受众。当然，通过让KOL分享我们的内容，我们也可以了解我们的目标受众想要什么。

我们应该积极地向KOL取经，了解我们的目标受众正在关注的话题。也请记住，KOL远比我们更了解这些人，他们了解什么样的内容才能吸引我们的受众，也了解我们的受众丝毫不关心的内容。他们甚至还可以告诉我们市场中的“无人区”在哪里，希望我们能和他们一起开拓这片荒芜之地。KOL知道我们的用户会担心什么，也知道我们的用户经常问的问题类型，这些都可以给我们提供极大的帮助。

4.制订计划表

进行KOL营销首先需要制订详细的计划表，例如什么日期应该完成什么样的内容。给KOL制订一个最后期限，让他们自己将计划内容安排好。在这一环节中，营销人员应该确保至少在提前一个月的时候就开始制订详细的计划。

虽然在通常情况下，企业或者营销人员需要提前设计推广文案中需要涵盖的产品特征，或者是推广主题，但是在营销过程当中，仍然需要告诉KOL推广内容应该出现哪些关键性的内容，并与KOL共同商议主题，制定核心内容，让KOL可以在营销的某些环节中发挥原创性，使营销的内容更加让人信服。

5.制作高质量的内容

要想让KOL营销成功，我们需要让KOL分享高质量的内容，当然，高质量的内容也有利于二次推广。

KOL与粉丝交流的内容往往与他们的专业领域相关。因此，要想KOL营销发挥作用，KOL分享的关于我们产品的内容最好是与他们的领域相关的，如果太偏离，粉丝则根本不会买账。

如果KOL在寻找灵感创作新的内容，我们也可以为其提供所需资源，例如免费的产品、专业的指导等。而且，我们可以与KOL协商，共同创建新的内容。

6.确定推广的形式

如果是手动接洽的KOL代言人，则需要跟KOL确定产品的推广形式，例如是只需要在视频里提到产品就好，还是需要对产品进行详细的测评；是把产品链接放在简介里，还是给KOL专属打折等。

如果是在已注册平台或代理商那里找到KOL，我们完全可以自己定好推广类型，不需要与KOL进行讨论。例如，安排他们在设定的日期发布某些主题的文章或者视频等。

如果想要KOL进行免费推广，则可以尝试免费赠送产品给KOL，向他们发出邀约，鼓励KOL进行分享。比如“我有一款新出的包包，觉得很适合你，想免费赠送给你，只需将实物图发布到社交平台即可”等方式吸引KOL进行推广。

如果能够与KOL建立长期友好的合作关系，则可以让他们参与一些品牌的线下活动，比如线下开业活动、新产品上市活动等。

7.总结分析营销结果

根据之前制定的目标，我们可以开始做总结了。

当我们的活动结束时，我们应该将我们的投资回报率与我们的目标进行比较。如果我们达到了目标，那么下一次我们的目标就可以更高一点儿；如果我们没有达到目标，仔细想想，是哪一个环节出了问题，及时改变我们的营销方案，看看下一次能不能进行升级优化。

投放微博与微信的KOL的诀窍（图10-5）

1.诊断KOL

微博是较为开放的平台，营销号参差不齐，我们可以通过以下几点来诊断是否为最优KOL：微博KOL的粉丝属性与产品属性

图10-5 投放KOL的诀窍

大体相符；粉丝群体水军较少；发布广告不频繁；会给粉丝送福利，能与粉丝形成良好的互动。

微信则是比较封闭的网络平台，用户数达9亿，不能通过直接观察到转发量来预计用户数，可以通过以下四点诊断是否为最优微信KOL：粉丝属性与产品属性大体相符；阅读量稳定且高；至少保证每日一篇原创图文；点赞、留言数量多，且会做微信活动，与粉丝保持良好互动。

2.投放方式解析

微博与微信渠道的各自投放方式有以下几种：

（1）微博平台或微信公众号上投放文字+图或文字+短视频。这种投放形式要注意以下几点：用户思维，强代入感，虚化广告成分；贴近大众，不要自组词汇；有槽点，能转发，实现用户自身价值。

这种投放方式的优点是品牌露出明显，缺点是广告成分过重，转发无力。

（2）微博平台网络直播+活动福利。现在全民直播火热，各种明星、网红直播都会吸引眼球，KOL通过直播达到展示产品或者直接售卖产品的目的。这里，我们强调的是换位思考，如果我们是网红的粉丝，最想看到的是哪一面，是我们需要思考的。

我们不能为了直播而直播，而应该找准直播主题。如果单纯为了售卖产品，可以直接用淘宝直播，转化率更高；如果想达到更高的曝光率与转化率，微博的“一直播”更加贴近网红的生活直播，关注度也极高。

直播完成后，可以设置赠送企业产品的形式，企业官微与KOL一同转发，进行二次传播。这种网络直播+活动福利的推广方式，优点是产品直接与用户面对面，缺点是直播费用高。

（3）关注微信公众号接收活动福利。许多微信公众号都有“关注微信公众号，×××为你送上专属祝福”的福利活动，微信公众号事先将KOL的语音祝福录制完成，促进粉丝关注微信公众号，KOL通过这种活动带动粉丝关注公众号，从而达到推广产品或品牌的目的。

（4）微博、微信平台上植入段子。段子手是我们常见的，一个火热的段子往往可以上好几天热搜，被无数人分享转发。只不过，段子植入对于品牌来说，有好也有坏。关键在于在何种事件、选择哪位KOL进行段子植入。

如果是针对良好的事件，且能够创作一个正面的段子，则可以利用多个KOL进行转发、推广。在微博、微信平台植入段子，其优点是转发性强，传播广，缺点是会弱化品牌概念植入。

KOL营销的难点

不同的KOL所带来的营销效果会有天壤之别：找对了，有些KOL可以在短时间内带来指数级的病毒式传播效果和不错的带货能力；找错了，可能是数额不菲的花费，换来的仅仅是寥寥无几的流量，更不用提什么营销价值了。

那么，KOL营销到底有哪些难点呢？

1.KOL数量爆发时该如何选择

传统时代的KOL环境相对单纯，主要指的就是明星进行中心化的传播。数字时代，一切都变得碎片化，超级影响力的KOL已经不复存在，KOL的数量爆炸，层级也变得丰富多样，除了明星和名人，还有达人、网红、品牌核心用户、狂热粉丝等。

目前，KOL体量已非常庞大，以双微平台为例：据企鹅智酷发布的《微信影响力报告》显示，微信公众平台上的公众号数量大约已有2000万个；微博方面，已拥有百万名人和公众人物，头部自媒体是一种媒体术语，即<head>元素所包含的所有头部标签，高达34万。由此可见，在KOL的汪洋大海中找到真正合适的KOL着实不易。

2.KOL营销成本过高

微播易在2017年发布了《社媒营销白皮书》，其中通过对2016年微博、微信的KOL价格趋势的走向分析发现，KOL均价呈现快速增长的趋势。2016年第四季度，微博KOL账号的平均报价要比第一季度上涨182%，微信KOL账号平均报价要比第一季度上涨110%。

这样的上涨会让许多商家在KOL营销的成本上花费更多，为企业品牌与产品做推广时带来更多问题。甚至有些小商家因为请不起KOL，产品销量过低，最后不得不面临关门的结局。

3.KOL如何平衡规模化和定制化

大部分品牌并没有系统性地规划其KOL组合营销策略，仅仅采用纯粹的媒介采买的管理方式，定量管理KOL的媒介价值，而粗暴地放弃了在与KOL的合作中挖掘他们作为“一个人”的价值。

与传统的媒介购买相比，与KOL的合作在合作手法以及模式上会复杂和丰富很多，毕竟每一个KOL都是个性化的，并且有着独特的内容风格和粉丝受众。

在与品牌的合作上，有的KOL只是信息传播渠道，有的KOL适合提升品牌调性，有的KOL适合直接带货。目的不同，设定的营销方式也需要定制化处理，这对商家的管理能力是非常大的考验。

4.KOL如何实现科学化的动态管理

KOL市场的变革非常迅速，可能在很短的时间内就会面临重新洗牌和优胜劣汰。例如某品牌刚评估完成一个KOL，市场行情就变化了，于是产品的浪潮也随之漂走，选出的KOL不再符合新的市场。

缺乏一套科学有效的评估方案，仍是整个KOL营销过程中的核心痛点和难点。如何在海量KOL中寻找到与自己最匹配的KOL，怎样才能保证投放质量，如何对投放进行优化等问题，这些都与KOL科学评估体系密切相关。

这就需要品牌建立起一套能够实时监测效果、快速决策的管理平台和流程。

KOL营销的两大误区（图10-6）

误区一：没有KOL人脉就无法进行KOL营销

KOL不一定是明星，在各个领域内的专家都能称得上是KOL，比如活跃的微信群主、QQ群主、企业家、自媒体发行人、行业达人、企业家、自媒体发行人、记者等。

误区二：找大牌明星宣传才最有效果

有的公司，投资几千万找明星做代言，播出之后，反响平平，远远没有达到预期的效果。

其实，我们能想到请明星来做代言，其他企业一样能想到。产品能否带来足够好的营销效果，除了锁定明星，还需要有更好的方案。明星资源也需要选好时机和产品结合点，充分加以利用，才不会浪费成本。

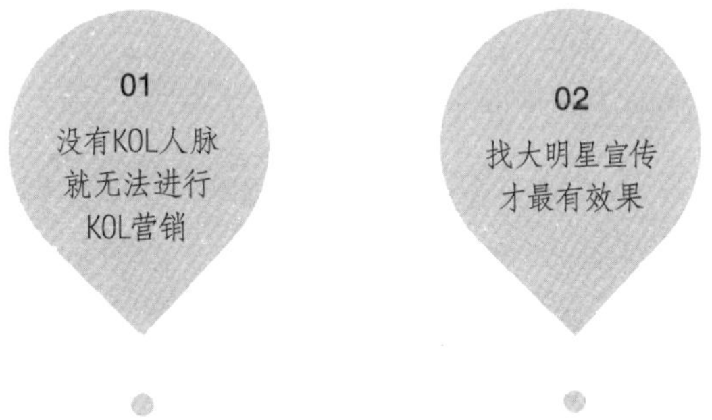

图10-6　KOL营销的两大误区

第11章

撰稿新手容易陷入的写作误区

要撰写出一篇好的文案并非易事，它对写作者的专业知识和文笔功夫有着很高的要求。不少站长和文案创作者在创作文案时，往往因为没有把握住文案卖点而以失败告终。下面我们就来总结一下撰稿新手在文案创作过程中的一些常见误区。

文案写作的误区

除了统一的观点、有效的素材和合理的内容框架之外，写好一篇文案很重要的一点，就是“避免犯错”。以下总结了文案写作的误区，各位文案创作者提高警惕，可有效预防在文案写作中踩雷。

误区1：文案主题不够明确

很多文案创作者在创作文案时没有制定出一个明确的主题，导致读者不知道文案的意义是什么，对文案的印象很难变得深刻，这样一来便大大地削减了文案的营销效果。

一篇好的文案在实际推广过程中，应该有能让读者在看到标题的一瞬间就明白文案主旨的功效，如果文案创作者写出的文案不能达到这样的标准，那么这篇文案写了也没有意义。

误区2：文案的读者定位不清

俗话说“见人说人话，见鬼说鬼话”，其实这也总结了人际交往中有效沟通的真谛，这句话同样适用于文案写作中。文案也是一种沟通，是一种文字形式的沟通，其目的和人与人之间的谈话沟通是一样的。

自我意识是人类的一种天性，在人际交往中，大部分人都会不自觉地陷入“自我”的状态，只顾说自己想说的话，并没有留意或分析对方想听什么。许多无效的沟通就是这样产生的。文案写作也一样，文案创作者在写作的过程中往往容易忽略目标受众的行业背景、阅读爱好、阅历层次、素养追求等，从而导致写出来的文案“不走心”。

因此我们需要在写作之前，对目标受众进行细致的界定与划分，有针对性地去写文案内容。这样做才能有的放矢，使得文案的营销推广效果更加明显。

不同的品牌，即使商业目的一样，目标受众也不都一样，文案的风格与写作套路也会有区别。在企业文案写作中，有着同样商业目的的事情，往往会针对不同领域的细分受众，写出几套针对性的文案。

通过对目标受众进行定位与细分，写有针对性的宣传文案，是避免无效传播的方法之一。

误区3：文案标题夸大其词

在文案策划理论中，有一种观点认为：好标题的重要性，占文案写作的70%~90%。于是我们的眼球每天被各种带有夸张色彩的标题所占据，让人忍不住打开链接，比如“品牌促销，1元起售，拿走不谢”“价值百万的销售秘籍”等。

毋庸置疑，标题诱人、引导打开是成功的第一步。然而这也仅仅是文案成功的一小步，距离文案真正发挥效用还有很长一段路。如果标题过于夸张，甚至与内容不相符，那一定会让读者大跌眼镜，之后再看到类似的标题就不会打开文案阅读了。

这种现象尤其在企业外包推广中更加严重，外包商为了提高点击率，不惜采取夸大其词、吸引眼球的手法，传播率与点击率虽然获得了提升，却伤害了读者的感情，失去了读者的信任，完全是得不偿失的做法。

误区4：文案的标题和首段不够引人注意

其实，在阅读文案内容时，读者往往只会简单地浏览文案的标题和文案的第一段，并不会仔细地将通篇内容全部读下来，尤其是一些篇幅较短的文案，文案的标题占了整篇文案70%的比重，由此可见是非常重要的。

然而，不少文案创作者在创作文案时往往忽视了标题和首段的重要性，将重点放在文案的中间段落，于是导致了标题和开头不够吸引人，得不到读者的关注。所谓的吸引人，往往指的是能够引起读者好奇心的标题和短小精干的首段，而不是内容越多越好、文案越长越好。

误区5：文案的逻辑不清，思路混乱

有时候会有这样一种情况，当读者读到一篇文案时，单纯读某一个小段会觉得写得不错，措辞造句很有吸引力，功力不浅。但读完几段后，突然感觉好累好难受，这往往是因为文案的前后内容跨越性太大，逻辑思维连贯性不强导致的。如果文案的思路混乱，读者自然不明白作者真正想表达什么观点。这种问题在长

文案中经常出现，其中对于策划方案类的文案而言更明显。

为何会出现这种情况？原因往往都是因为文案创作人员的逻辑思维缺乏训练，在搭建文案框架的时候，思考不够缜密。因此，为了防止文案创作者在写作过程中陷入逻辑混乱的误区，最好的办法就是套用逻辑清晰的文案框架套路，依着套路往下写。

误区6：文案正文内容空洞

除了文案整体思路混乱，文案正文内容空洞也是文案创作中的一大雷区。虽然文案是广告其中的一个分支，但它的目的是在无形中将所推广的信息传达给目标客户，如果文案正文当中出现太多说空话、绕圈子的问题，会让读者厌烦。

一些文案创作者在撰写文案时就很喜欢绕圈子，用一句话可以表达清楚的意思偏偏要反复强调，这是非常不可取的。这样的文案内容不但会降低文案的阅读量，还可能让读者反感。

误区7：文案专业程度低

好的文案应该用数据和事实说话，这样的文案不仅能通过事实性和专业性吸引读者关注，还能保证文案推广得到实质性的成效。其实，不少文案创作者在撰写文案时通篇讲故事，没有罗列令人信服的数据，让文案看上去不够专业，缺少说服力，客户在消费时就会对产品表示质疑（图11-1）。

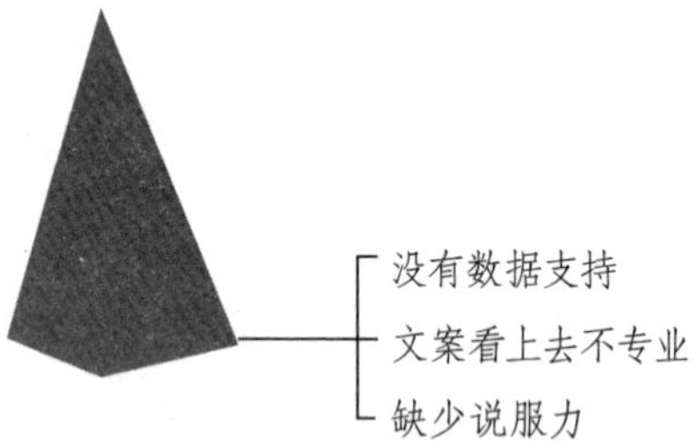

图11-1　文案专业程度低

所以，最好的方式就是用准确的数据体现文案的专业性。以小米手机的文案为例，比如某广告推荐小米手机的文案为“小米手机，129g，5.15英寸[①]大屏幕，手感轻得不真实，3D纤细侧腰，曲面玻璃的温润手感。握在手中的一刻，仿佛轻轻握住整个世界的倒影。”这篇文案将产品卖点以专业数据直接点明，并且用生动的措辞表现出来，因此在读者的脑海中，小米手机的优势清晰可见，自然而然产生了购买的欲望。

误区8：为了创意而创意

好的创意能吸引眼球，好的视觉冲击能够吸引注意力。追求创意是每一个文案创作者孜孜不倦的向往，有多少文案创作者都梦想着某一天自己的创意能一举成名。每一个企业都希望自己的团队创造力更强，能够设计出传播效果更好的品牌文案。然而，创意需要建立在最初的商业目的之上，不能为了创意而创意，忘

① 1 英寸 =0.025 千米。

掉了初衷。

文案的最根本目的在于传递有效价值信息。什么是有效价值信息？在商业文案里，能够体现产品用途的信息就是有效价值信息；在非商业文案中，能够娱乐读者或者为读者带来收益的信息就是有效价值信息。如果文中没有能够提供有效价值信息，而是为了创意而创意，显然是一种舍本逐末的做法，这样做，即使文辞再华丽，内容再吸引眼球，也是一篇不及格的文案。

为了创意而创意，是很多初级文案，尤其是创意类文案、设计类文案师容易犯的错误。对于刚刚进入营销大门或读过几本营销书籍的职场新手来说，凡事都想搞个大创意，创作的文案往往十分华丽，实际上却没有起到有效的推广作用。

大卫·奥格威在《奥格威谈广告》一书中表示："一个不能促销的广告，就谈不上有创意的广告。"他认为："我怀疑100个广告里都难找出一个大创意。"纵观奥格威一生漫长的文案生涯，大的创意也不过20个，但是每一个都效果惊人。

所以，对于"小白"来说，千万不要站在艺术、设计、文字修饰的审美角度上，去搞什么创意膜拜。有时候，简单粗暴地直击要害，可能更会让用户觉得我们干货十足，虽然质硬难嚼，但品之有味。

不少文案创作者能够提供很炫目的创意作品，当被问及创作思路与企业所需推广的品牌有何关联的时候，会得到类似"我是创意设计师，我只负责创意"的回答。其实，这也是文案创作者对于自身工作认知的误区。

实际上，忘了商业目的的初衷，为了创意而创意，是文案写作中最严重也是最容易陷入的误区之一。在写文案的过程中，文案创作者一定要牢牢记住文案要实现的商业目的，带着目的去写，而不要写着写着就写偏了。

误区9：刻意说服读者

还有一种很常见的文案写作误区，就是总想着说服别人。带着这种负担去写文案，往往会把一个简单的观点弄得很复杂，会从多种角度翻来覆去地论证某个观点或某件事。

这类文案会让人读起来非常累，并且由于角度太多，没有办法将每个角度都深入透彻地分析，反而导致漏洞更多。这样很难在读者心中留下深刻的印象，反而更加偏离了“说服”的目的。

误区10：理论过多，缺乏可视化应用场景

写文案之前，文案创作者往往都会对某一件产品或话题进行适当的了解，但对于读者而言，每看一篇文案都是新鲜的。因此，文案创作者仅仅自己了解文案的内容以及思想，只在文中加入理论，却没有加入具体的可视化应用场景，往往会导致无法将所要推广的产品信息或者文案思想有效地传递给读者，使读者“看不懂”。

要解决这种情况，一方面，文案创作者要尝试把自己置于“小白”用户的角度去思考问题，或者找许多第一次接触这类产品的朋友来做调查研究；另一方面，在写文案的过程中，也要尽量模拟实实在在的生活应用场景，加入具体的可视化应用案例，让读者读起来有身临其境的感觉。

误区11：缺乏不同商业文案类型的常识认知

在商业应用中，我们会接触到形式各异的商业文案。不同文案，自会带有不同的常识或体系要求。比如，提交给政府部门的汇报文件，往往有固定的模板，公文规范要求较高；对于互联网产品宣传，口语化、简单直接的语言更受欢迎；而对于商业合作类策划方案，则对双方合作的契合度、价值增强与互补性、执行可行性、收益预期与风险等的评估更加看重，因此平和、严谨、充分的论述更加有效。

然而，有许多文案创作者，由于缺乏对各种不同文案类型的系统性知识和基本常识的了解，常常陷入写作误区。比如在商业合作类方案中，用过多的网络化口语化言辞；在总结性报告文案中堆砌太多花里胡哨的辞藻等。

误区12：不雅词使用

文案写作中，作者或多或少都会带有个人情绪、心境和语言习惯在里面。有时候，文案写作会无意识地带入一些侮辱性、攻击性的词汇，很多时候作者也许并未在意，也不觉得有什么问题，然而，往往后果会很严重，轻则让读者反感拉黑，重则甚至引发社会矛盾等。

以加多宝“多谢行动”为例。加多宝公司在一次名为“多谢行动”的营销中表示：“若作业本开烧烤店就送10万罐凉茶。”而此前，“作业本”在微博中将重庆铜梁籍烈士邱少云比作未烤熟的“烧烤”。这一事件引发了各地网友的强烈不满和反感，加多宝这一次营销也并没有获得消费者的认可。

由此可见，在文案当中应当尽量避免使用带有攻击性、侮辱性、负面情绪的词汇、描述或营销手段，因为社会需要正能量，文案也需要健康的内容。

因此，文案创作者要在平时的日常生活中，注意养成个人文明用语的习惯，以避免在写文案中不经意地使用一些不雅词，为自己引来一些抨击。

创作有营销力的文案，别被文案骗了

对于营销人来说，文案是必备的基础能力之一。提到文案，很多人脑海中第一时间想到的是各种堆砌在一起创意十足、散文诗一般的排比句，“高大上”的门槛让很多想从事营销工作的人望而却步，觉得文案工作只能远观，不可亵玩。其实任何事物都是有规律的。想要入门的文案新手，在学习了文案这一系列干货后也能熟练地掌握撰写文案的规律，轻而易举地脱掉文案神秘的外衣，写出漂亮的文案。

创作文案的主要目的在于通过文案从情感和心理上打动消费者，让消费者为企业带来真实的订单，赢得利润。可能这么说也有人会跳出来反对，表示我们是为了增加品牌曝光率，但从大市场营销的角度上来说，做品牌的终结点还是在于让消费者买单。

文案并不是纯广告

文案营销不是新鲜事物，在互联网尚未普及前，已经被广泛应用于各类报刊、电台、电视台等。只是电脑和移动互联网的广泛应用，其优势才被更深度地发掘出来。我们随时随地阅读的文章，也许就是一篇质量绝佳的文案。文案无处不在，是营销的一部分，更是网络营销的重要组成部分。文案重要，但是我们须知，文案绝非小广告，润物细无声才能见真章。

很多公司的营销推广人员虽然在做文案营销，但是其传播及转化的质量并不高。除去文案本身的撰写质量外，更重要的文案内容游离于行业，没有锁定行业及阅读对象，从而导致营销转化率不高。

“文案的本质就是广告”，这样的结论在很多的文案书籍中被反复提及，因为文案与广告有一个共同点——推广销售。可是，单凭这一共同点，就可以将二者等同吗？

任何广告，都带有强烈的说服性，这是其不可避免的固有属性。而文案不同，它并不以说服用户为目的，而是以建立与用户之间的认同感和信赖感为最终目的，也就是说在“推广销售”之外，文案还有另外的点，即“品牌塑造”。这也就是文案与广告不同的根本区别。

因此，在“文案的本质就是广告”这样错误观念的引导下，为了说服用户，文案的写作就容易带有压迫性，也很容易走向自说自话、王婆卖瓜的局面，文案营销难以取得效果就再正常不过了（图11–2）。

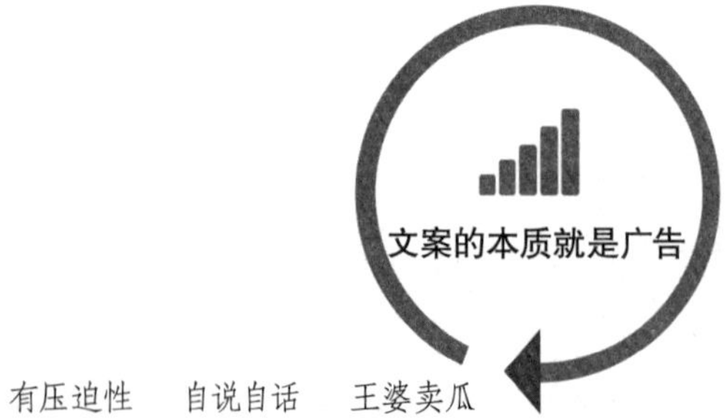

图11–2　文案写作的错误观念

文案要考虑营销

重文案而轻营销，这是几乎所有的“营销干货”都会犯的错误。这就体现为，所有的篇幅都用来详细说明文案的写作套路，比如标题应该怎么写、结构可用的套路有哪些等，但对于文案营销的另一个方面“营销”，却鲜少涉及。

先有文案再有营销，两者是一个不可分割的整体，没有营销，文案写得再好也是徒劳无功的。那么营销要怎么做才好？最为基础的一步，就是要确定好发布渠道和发布的媒体数量，“将文案广泛覆盖互联网”，这才是文案营销的核心内容。这可以从通过选择好的合作文案发布平台入手。

不要过分关注浏览量

99%的文案和运营者，都在追求“10万+”的阅读量，这相当于一个门槛，确实十分重要。然而，并不像部分干货里说的那样，做文案营销就得依靠“10万+”的阅读量。

事实上，营销的效果能否发挥，最终的目的能否实现，与“10万+”的阅读量并没有太大的关系。因为一篇“10万+”的阅读量的文案并不能吃遍天下，所以在文案营销当中还要依靠完整的文案策划。

尽管有“10万+”的阅读量是一件好事，但效果的发挥和目的的实现，依靠的是系统性地发布文案。这也是为什么需要确定好发布渠道和发布媒体数量的原因之一。

文案推广意图不宜过于明显

有人说“广告，也是生活的一部分”，事实上确实如此。如果说传统广告就是路边的广告牌的话，那么软文营销就如同电视植入广告一样。

我们现在看到的影视作品中，多半都有软性广告植入，但这并没让人感觉多么突兀讨厌。可是视频播放前，哪怕只有十几秒的广告，也总是让人感到难以接受。这也就意味着在撰写文案时，文案创作者一定要充分考虑到读者的感受，做到让读者能够接受这篇文案的存在，并且有继续看下去的动力。

虽然如今的读者都很精明，能够很快地分辨出一篇文章是不是文案，但是优秀的文案依然能够让读者产生强烈的消费心理，达到宣传品牌、提高产品销量的目的。相反，如果文案的广告动机过于明显，措辞太过夸张、文字华而不实，读者便会产生抵触情绪，不但会拒绝阅读，甚至会对品牌和产品产生反感。

文案不只是发布

不少自媒体，文后评论成百上千，回复却寥寥可数。文案营销绝对不是文案发完就结束了，对于文案后面的留言、评论等，后期的跟进尤为重要。看完文案，然后再进行评论的读者，多半是对文案很感兴趣，或者被文案“洗脑”的人，面对这样一些精准人群，在沟通讨论的过程中，完全可以适当对其进行二次营销。即使只是出于礼貌性的回复，也能赢得很多读者的认可，为后期继续做文案营销做好铺垫。

作为营销的一个品类，文案营销的重要性不言而喻，其虽然有别于新闻营销，被很多公司忽视，但在辅助营销转化的过程中却非常关键。传播力广泛的优质文案，首先一定是内容有足够价值，然后才是巧妙地植入营销推广信息，切不可本末倒置。

文案营销效果的显现，也不仅局限于文案编写本身，其牵扯到选题、撰写、发稿、传播、互动等每一个环节。通过文案内容吸引用户，最终形成可观的营销转化，正是文案营销的魅力所在。

第12章

他山之石可以攻玉——经典文案案例

创意是市场营销制胜的一大法宝，作为文案创作者，如何能够保证创意的持续输出呢？其实，可以多多借鉴网络中的经典文案案例，学习高手的文案创作套路，摸索出属于自己的文案写作方式。

案例一：杜蕾斯火遍全网的“高能”文案

杜蕾斯如果说是段子手界的老二，估计没人敢自称第一。杜蕾斯一直是营销界的王者，不管是在传统互联网领域，还是在各大社交平台，杜蕾斯的营销方式常常能引领一股潮流，在移动端的营销，杜蕾斯也表现得相当抢眼。

杜蕾斯这个品牌诞生于1929年的英国，每年生产约10亿只安全套，约占全球总量的1/4。目前，它在世界上150多个国家和地区均有销售，在40多个国家中占据领导地位，并占据了全世界40亿只安全套市场份额的26%。

青岛伦敦杜蕾斯有限公司成立于1998年，是中国首家生产安全套的合资公司，专供中国市场。现如今，杜蕾斯是中国安全套市场上的领导品牌，占据30%~40%的份额。除杜蕾斯的品质口碑以外，杜蕾斯在微博文案方面的表现更成为人们讨论的热门话题。

2011年的一次“雨夜传奇”，让杜蕾斯这个品牌彻底在网络上“火”了起来。2011年6月23日，北京城连续暴雨，“来北京，带你去看海”成了那天的流行语。傍晚下班时间，雨越下越大，很多人无奈回不了家，就站在地铁站里面刷微博。于是，运营团队负责内容编辑的工作人员试图切入这一热点，发布了“北京今日暴雨，幸亏包里还有两只杜蕾斯”这样一条微博，并附上把安全套套在鞋子上的图片，把杜蕾斯品牌植入到里面去。

因为用这样的概念做广告必定会影响杜蕾斯的品牌形象，于是官方运营团队在最终执行时选择了一个小号“地空捣蛋”来发布图片。发布两分钟后，帖子已经被一些大号主动转发，并迅速扩散。5分钟之后，杜蕾斯官方微博发表评论“粉丝油菜花啊！大家赶紧学起来！有杜蕾斯回家不湿鞋！”并转发。

20分钟后，杜蕾斯已经成为新浪微博一小时热门榜上的第一名，把此前的“积水潭”和“地铁站”等词条甩在身后，并在当日24时前转发近6000条，成为6月23日全站转发第一名。

根据传播链条的统计，杜蕾斯此次微博传播覆盖了至少5000万新浪用户，同时在腾讯微博、搜狐微博的发布，影响人群也在千万级别。

据AC尼尔森统计，杜蕾斯2011年的销售额增长超过50%，比如在武汉销量首次超过杰士邦，可见微博对其销量的增长贡献不可小觑。《中国日报》英文版也将此案例评为2011年最有代表性的社交网络营销案例之一。

相比传统媒体传播而言，这次没花费一分钱预算的事件传播可以与CCTV黄金时间段的3次30秒广告的效果相媲美，并且在社交网络里转发的人大部分是对杜蕾斯品牌有认知的消费者。

此外，这次营销宣传，图片中套上安全套的鞋子是凡客诚品出品的，于是，在2012年七夕，杜蕾斯和凡客合作推出39元大礼包在凡客官网开卖，用户反应良好。

此后，在同年伦敦奥运会上，杜蕾斯虽然没有斥资成为官方赞助商，但据日本媒体报道，伦敦奥运会刚刚开始第五天，奥运村曝出15万只免费发放的避孕套已经用光，现在正处于“供货紧张”的状态。这是因为在奥运广告牌上，杜蕾斯用5只不同颜色的安全套组成奥运五环，并打上“不是每个男人都希望自己是世界上‘最快的’”作为广告词，创意十足的文案直接引爆了销售。

作为一个国际品牌，杜蕾斯没有像别的品牌一样走常规的传统路线，其别具一格、带有几分小清新又不失亲切的形象塑造，使杜蕾斯在众多企业微博中脱颖而出。

所有这些，离不开杜蕾斯官方微博文案设计者的不懈努力。

1.语态诙谐幽默

杜蕾斯官方微博语言诙谐幽默，让粉丝意识到，杜蕾斯不只是一个品牌，更是一个活生生、有个性的“人”，跟杜蕾斯交流是一件很开心的事情，杜蕾斯逐渐就在粉丝心中树立起了品牌形象。

2.与粉丝进行互动

杜蕾斯官方微博是所有官方微博中最喜欢和粉丝交流沟通的，与粉丝建立了长期的互动机制，杜蕾斯约每半小时进行一次关键词的搜索，能够及时发现粉丝对杜蕾斯的评论，不错过任何一个与粉丝交流的机会。

3.与其他品牌跨界合作

在内容方面，如果你只知道杜蕾斯在微博上“羞羞的”文案，而不知道喜马拉雅的杜杜频道、美拍上杜蕾斯和微信小号杜小爱，那就错过太多精彩的内容了。

2014年杜蕾斯在喜马拉雅听书上开通了杜杜频道，节目内容主打情感故事和两性知识，热门节目《段子来了》“羞羞版”，点击量超过了百万。除了《段子来了》，该频道还有《杜杜教你来撩妹》等节目。

2015年7月，杜蕾斯创建了微信小号杜小爱，以女性私密朋友的特点存在着，添加号码关注后，可以收到“死鬼，你怎么才来！”的幽默打招呼，可以与后台互动，聊聊羞于开口的话题，敏感地抓住了女性市场对于“性”这个“爱你在心口难开”的心理特点。

其公众号中每篇文章的内容叙述均采用诙谐幽默的语气，并配有表情包和打趣图，把一段段“羞羞”话题描述得十分坦诚而且接地气。同时，“杜小爱”还会在每篇文章的最后设置今日互动环节，鼓励大家分享自己的故事、评论和看法。

将不少人认为难以启齿的“性”这个话题，以一种自由和颇为开放的姿态在社交网络里进行讨论，让不少消费者开始“正视”这一话题。杜蕾斯还将广泛的内容营销缩小范围，更有针对性地细分受众群体和内容，以获得更高质量的用户互动，加强与消费者之间的联系和情感。

在2017年感恩节当晚，杜蕾斯发布了多条广告文案，联合13家品牌商，其中有绿箭、德芙、士力架、Jeep汽车、李维斯、美的、宜家家居、山西老醋、老板电器、飞亚达、HBO、百威、NASA航天航空总局等，并对其表示感谢，与他们互动。

4.应景

针对即时的事件迅速反应，杜蕾斯巧妙地将品牌诉求点与名人话题结合，如上文中提到的“套鞋事件”。

又比如，iPhone5发布时，杜蕾斯也及时发布了微博：据说iPhone5的设计师是杜蕾斯的资深用户，并把杜蕾斯和iPhone5的图片发在一起做了对比，得到3454人的转发。

其文案中就将两者的薄、持久等功能进行对比总结，可以说是追随新闻热点的优秀文案。

另外，杜蕾斯的微博运营团队每天都在对数据进行分析，以及早10时到晚10时的持续更新，其微博图片均为原创，视频充满创意。

杜蕾斯微博营销给了很多企业一些启示（图12-1）：

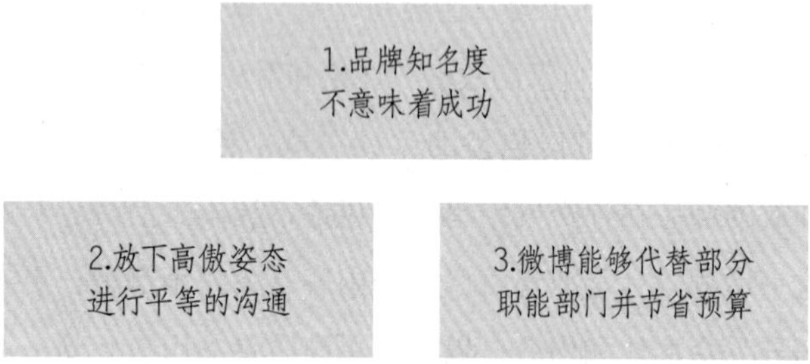

图12-1　杜蕾斯微博营销的启示

杜蕾斯之所以成功地塑造了官方微博的形象，在一条条140字的微博背后，实际上存在着许多其他品牌可以借鉴学习的东西。例如，社交媒体重视的是关系，传播只是对用户关系的一种利用，企业入驻社会化媒体，应该清楚关系的意义，以诚恳和热情的态度与粉丝建立关系。

如果说像自然人一样与用户沟通交流是初级阶段，那么中级阶段就是做一个有个性的“人”了。以企业独特的“人格魅力”来保持粉丝对企业品牌持久的关注，如果同时还会发现机会，懂得借势、借热点事件扩大自己的营销，那么就是终极阶段了。

案例二：最会讲故事的耐克

除了媒体，企业也在学习讲故事。2008年北京奥运会，刘翔退赛后，耐克迅速地在微博上挂出一张海报，没有虚伪的鼓励，没有落魄的怜悯，只有一种英雄之间、男人之间的惺惺相惜，引发了全网的转发。

海报中的文案为：爱比赛，爱拼上所有的尊严，爱把它再赢回来；爱付出一切，爱荣耀，爱挫折；爱运动，即使它伤了你的心。

不少人把这个海报归为“广告”，不过这张海报里除一个Nike的标志之外，文案与耐克的产品一点儿关系都没有。后来，陆陆续续有了更多这样的“广告”，不仅限于海报，还有视频、网剧、漫画等形式。如今，人们更愿意把这种“广告”称为一种带有故事性的“内容”。

除了奥运期间眼花缭乱的励志海报，耐克在近两年还创作了一组漫画和一部网剧。2016年，耐克以一组美式漫画《The NIKE Windrunner： A Visual History》，呈现了旗下经典外套的“风行者夹克”的前世今生。从历史背景说起，讲述了为何要生产这款夹克以及夹克是如何风靡全球的。耐克与艺术家们进行合作，以充满趣味的漫画展示了一段商业故事。

同年，Nike加入网剧制作大军，发布了专门为女性观众定制的剧集《大宅女 vs 健身狂》。这部剧围绕两个姐妹展开，两个人向着自己的目标努力时，也在替耐克宣扬一种精神：从针锋相对，到共同变得更好，挑战，可以是两人的共同蜕变。

耐克在这段视频中表现得很克制，连品牌标志都使用得合情合理，没有疯狂的植入。剧中用一些“网红”“宅女”的标签，去勾勒出当代一部分年轻人对于网络与现实生活的一些焦虑。比起几十秒的广告，视频讲述了一个更完整的故事。

但观看的人很容易就能抓住视频“简单粗暴”的逻辑，让很多不爱运动的人爱上运动。通过对生活方式的宣扬，来影响女性观众，从而壮大女性健身的群体。

耐克的这场内容营销并不是以卖商品为首要目的，而是激发消费者的共鸣，与消费者建立一种长期的情感联系，并提升品牌的价值。耐克并不只是在卖运动产品，还在宣扬健康的生活方式。

从耐克的文案营销策略中可以看出，企业已经不单纯满足于广告，而是开始抢媒体的饭碗，打算通过精致的文案内容，打动更多的消费者。

案例三：最温馨的品牌——星巴克

2018年年底，星巴克推出了一系列名为“1st&Main”的动画片，故事的主角是一群画风古怪的小动物，第一集讲的是一对刺猬夫妻在星巴克给快出生的小孩想名字的过程，夫妻俩记录下星巴克店员喊的名字，传递出星巴克的门店温馨快乐的氛围。一系列7集动画片，不为多卖一杯咖啡，而是更多体现星巴克品牌的文化。

动画片三位编剧的创作灵感来自他们喝星巴克时的小发现：在星巴克喝咖啡时，等待Wi-Fi登录的过程太无聊，页面上也没有什么有趣的内容。因此，他们希望挖掘出一些简单、温暖和有趣的东西，来打发等待的时间，同时又能引发顾客的认同。

此外，从1997年开始，星巴克就开始不断推出代表季节变化的假日杯，而这个每年在圣诞节前推出的红色纸杯也已经被人拿在手中18年了。

去年11月，星巴克也同样上新了一款新纸杯。这款由Jeffrey Fields设计的极简主义红杯完全不同于往年的杯子，这次的红杯除了品牌Logo什么都没有，但其实这种极简主义的纸杯本身就暗藏心机。Jeffrey Fields说往年的假日杯都是为了讲故事，而今年，红杯希望用不同的方法邀请消费者来分享他们自己的故事。这种漂亮的极简设计，必将引发某种怀旧却又全新的风潮。

同样，每年春节期间，星巴克也会推出“桃花”系列饮品及咖啡杯等产品作为中国限定款。作为中国特有的花种，桃花在近几年星巴克的季节限定菜单中也是备受欢迎，不过这也离不开星巴克的文案带来的功劳。比如近几年春节期间限定的“桃花满满抹茶拿铁”，就运用“喝桃花、招桃花、走桃花运”的引申含义，把它撰写到文案当中，吸引大批“单身狗”前来消费。

案例四：可口可乐昵称瓶

2013年10月底，属于广告界的盛大节日中国艾菲奖（EFFIE AWARDS，大中华区）颁奖，全场大奖被案例《可口可乐昵称瓶》收入囊中。很多人认为这是社会化营销的经典案例，是基于社会化媒体的力量完成了销售量提升的奇迹。

在讨论可口可乐昵称瓶如何获得成功之前，我们来回顾一下整个营销运作。

首先，这个案例成功的关键在于，可口可乐根据用户特征改善了原有包装，使它更贴近用户的喜好。从这一点来说，社会化媒体确实发挥了巨大的作用。因为如果没有社会化媒体的存在，单靠传统媒体无法收集到如此全面大量的昵称。

其次，从营销节奏来看，可口可乐首先针对意见领袖进行产品投放，符合传统广告的特点。然后结合明星效应，利用明星、社会名人在社会化网络上的活跃度，制造信息高点。通过分布式的信息投放，引起公众兴趣。

最后，可口可乐将更换了全新包装的昵称瓶大量投放市场。在大量的产品投放过程中，使用了定制的形式制造稀缺信息，引发公众对于产品的渴望，并引发二次讨论，最终促进了整个产品的销量。

这其中，有两个决定性因素使昵称瓶获得大奖。如果单看这些，社会化营销似乎对于整个营销活动的影响是巨大且立竿见影的。但是实际上，隐藏在这华丽的营销案例背后的还有两个关键因素（图12-2）。

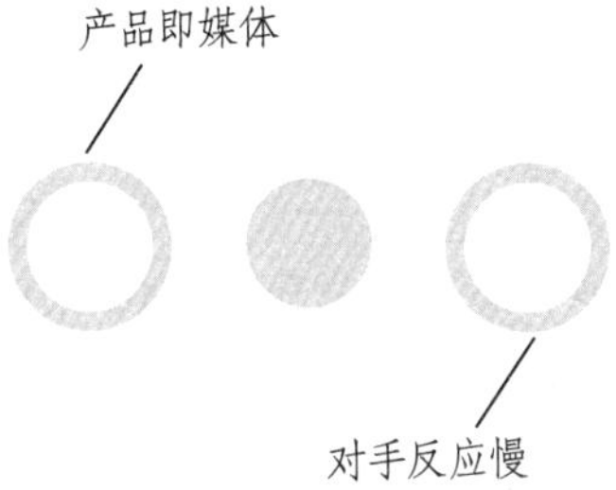

图12-2 昵称瓶获得大奖的关键因素

1.产品即媒体

在整个营销过程中，信息的投放是最关键的因素。而在可口可乐昵称瓶案例中，尽管在开始的信息投放中使用了针对公众人物的方式进行预热，但是真正引发消费者购买行为的，却是产品本身的销售渠道。换句话说，针对KOL的信息投放只是起到了知会消费者的作用，消费者在得到这些信息之后，对产品产生了兴趣。但是如果没有整体产品的变化，消费者只会把这件事当作一次普通的营销，而不会因为某明星收到了“大咖”的可乐而真的去购买一瓶没有变化的可乐。

真正促进了营销的媒体则是可口可乐遍布全国的强大销售网络。正是这些携带了创意本身的产品销售点，完成了对整个创意信息的分布式传播覆盖。这种传播覆盖打破了社会化营销的局限，以用户地理分布为基础，通过传统广告的形式完成了整个信息的传达。

设想一下，如果不存在社会化媒体，可口可乐的昵称瓶策略会不会成功呢？答案当然是肯定的，而且，其效果并不会比拥有了社会化媒体更低。

2.对手反应慢

信息是否能产生对于受众的影响取决于三个方面的因素：信息量、信息压力和媒体。

可口可乐昵称瓶营销之所以会在社会化媒体上产生轰动效应，并非因为其信息量有多大，而是由于受众在互联网上数次接收到了来自可口可乐的相关信息，以及在线下实际购买过程中得到的产品本身的信息而产生了较高的信息压力。

利用人性中喜好炫耀的弱点，可口可乐通过成本优势使消费者获得了炫耀资本，并自发地为其信息增加流量，可以说是非常取巧的做法。

但是利用人性弱点这件事，是一把锋利的双刃剑。在社会化媒体上，受众的信息处理能力是参差不齐的，一部分人会为获得某些信息而炫耀，同样也会有一部分人因为收到某些信息而产生情绪反弹。

当某种信息属于稀缺信息时，媒体所起到的传播作用是巨大的。尤其是利用分布式的信息投放，使一系列信息高点同时释放特定信息，此时的信息压力是最强大的，传播效果也是最好的。

但是当信息的传播并没有转化成销量时，如果对手公司能够尽快做出反应，可口可乐公司可能将会无法获得如此大的收益。

案例五：宜家，营造家的氛围

“为大多数人创造更加美好的日常生活”是宜家的宣传口号。宜家的产品始终和提高人们的生活质量联系在一起，以为尽可能多的顾客提供他们能够负担的、设计精良、功能齐全、价格低廉的家居用品为宗旨。这些从宜家的产品文案便可以看出来。

首先，我们来看下面两组花瓶和落地灯的广告文案：

第一组

“生活的美，体现在最常见的器具器皿上。”

“多功能一体灯、字母落地灯、看书阅读床头必备落地灯。”

第二组

“北极的上空偶尔会有炫目的绿光，像一片绸布在空中飘扬。有人说绿光出现的时候，能听见天空传来踏雪的声音，仿佛灵魂在世界的另一端踩着雪地漫步而行，那是神话般的美丽。如果说收集绿光，就会出现奇迹，那么将一个绿瓶子摆在家里，至少可以滋养喜悦之心。”

“太阳早已落下，却不愿意将阅读停下，也不愿开大灯，通明的灯火会扰乱我的阅读。只好提来落地灯，以它专注的光亮，带我继续回到书中。很快地，忘却了适才的焦躁，忘却了周边的漆黑一片，只知道阅读的心，逐渐明亮通透。”

第一组是随手从淘宝截取的文案，第二组是宜家的产品文案。如果把这两组文案放在一起，大多数人应该会选择宜家这组产品文案吧。同样都是产品文案，为什么宜家的会给人不一样的感受？

这是因为宜家的产品文案抓住了两个要素，即产品的卖点和用户的需求，同时从更深层次的意义上掌握了用户的利益点、情感和需求。

宜家的产品文案一方面传递了产品的卖点，唤起了消费者的需求，另一方面，也在产品文案的字里行间渗透着宜家对于生活、对于人生的思考。换言之，宜家的产品文案注重传递品牌文化。

接下来就是问题的关键了，为什么宜家的文案做得这么出色呢（图12-3）？

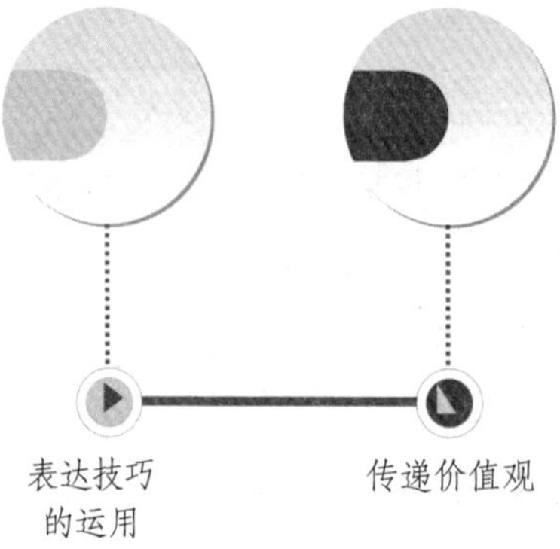

图12-3　宜家宣传文案的两大特点

（1）表达技巧的运用，尤其是比喻、拟人、比拟、排比等。

比喻：是用本质不同而又有相似点的事物描绘事物或说明道理的辞格。

拟人：是把事物人格化，将本来不具备人的动作和感情的事物变成和人一样具有动作和感情的样子，宜家这组产品的文案，皆运用了拟人的修辞手法。

比拟：是根据本体事物和拟作事物之间的可拟性，借助联想和想象而形成的辞格，因此联想是通向比拟的桥梁，想象是比拟的翅膀。

排比：是把结构相同或相似、意思密切相关、语气一致的词语或句子成串地排列的一种修辞方法，能增强文案的表达效果和气势。

（2）传递价值观。如何通过产品来传递价值观，我们在之前的文章中也简单介绍过。

将产品特点、功能延伸到价值观上，当作产品文案的切入点，可以立刻让广告文案显得“高大上”。同时，它也可以用于品牌文案的写作。

案例六：网易云的“跨界恋爱”

网易成为近年来最受年轻人追捧的互联网科技公司，旗下的产品线从网易新闻、网易游戏、网易云音乐到网易严选、网易教育等，其中网易云音乐与网易严选更是网络中的重要议论话题，话题的热议让网易整体品牌提升不少，实现了量级的增长现象。

其中最著名的案例便是网易云音乐“红衣地铁”的营销手段。网易云音乐将精选评论印在主题地铁上，精选评论一条一条刺痛用户的内心，刺痛用户的眼框架，让不少用户眼泪成诗，感动如爱，使用户产生内心深处的共鸣与感触，内心的压抑获得精神的释放。这次营销活动大大提升了网易云音乐用户黏着性、互动性，提升了用户的信任，自然使下载注册网易云账户的用户大大增加。

其实，每一个运营者都知道，鸡汤、毒鸡汤是微博、朋友圈、QQ空间等社交媒体中的一大流量担当，神文案与它们具备的显著共同特征就是——情绪鲜明，有代入感。只有深入洞察，成功戳中大众的痛点、泪点的文案才算得上“走心”的文案，毕竟有话题才有互动，有观点才有分享的欲望，裂变式传播就是这样产生的。

就像那些抓住当代上班族生存焦虑这一痛点的品牌文案，往往圈粉能力超强。比如“努力活在四处碰壁的世界，直到在次元壁碰到自己”，再比如“你未必出类拔萃，但肯定与众不同”，抑或“毕竟生活不止诗和远方，还有眼前的保温杯”都是经典的热门文案。

同时，在文案界有不少文案创作者会刻意反其道而行，成为一股“泥石流”，如此衍生的文案反而可能成为一枝独秀，比如台湾奥美为天下文化出版社所写的“我害怕阅读的人”。

2017年年中，网易云音乐再一次击痛文案创作者的心，再次刷起用户的精神趣味，与农夫山泉达成合作。通过和农夫山泉共同设计瓶身，推出网易云与农夫山泉的限定合作，玩起“乐瓶”表白秀。这一次合作可以说是行业的创新，击中了用户的兴奋点，其相互实现品牌与销量的爆发增长是可见的。

这也是互联网时代的品牌营销法，预示着未来营销将变得趣味化、个性化。当然，如果创作的文案不能让人产生话题，那么一样是无用功。

后记

一篇文案引爆全网是一种怎样的体验

文字是从纸上走出来的，也是从输入法的对话框里跑出来的，它在我们的生活当中是不可缺少的一个符号，是传播信息的一种方式。

人们阅读报纸、杂志、书籍，观看电影、电视，使用手机和互联网，传递邮件，这些过程中都无法回避文字。不管是影视剧本、娱乐八卦还是大热的古装小说、流行歌曲的歌词，文字不仅被我们阅读和消费，也辅助着我们的生活。

随着科技的进步与发展，不少企业通过在互联网上进行文案营销，能够快速便利地提高企业的知名度和产品形象，提高企业的公信力。由此可见，文案营销是一种省时省力、节约成本的营销方法。

新媒体让信息爆炸，将文字的力量释放出来，它们不限于文字的形式，不管是民间语言、新兴语言还是民间方言，都能登上新媒体的平台。也正是因为文案营销的特性，使得每一个人都有创造爆款文案的可能性。